キーワードで教える SDGs

監修　向山洋一
企画　経済広報センター

騒人社

はじめに

経済広報センター常務理事・国内広報部長　佐桑　徹

　経済広報センターは、これまで 20 年近くにわたり、環境、産業、エネルギー教育を TOSS の皆様と展開してきました。そこでは、企業の環境への配慮、社会貢献活動、持続可能な社会の実現に向けた取組みなどがそれぞれ取り上げられてきました。そうしたセミナーの中で、最近は谷和樹先生が積極的に SDGs をテーマに取り上げられています。

　SDGs とは、SUSTAINABLE DEVELOPMENT GOALS の略です。「持続可能な開発目標」と訳されます。例えば、地球が持続可能であるためには地球温暖化の大きな原因のひとつである二酸化炭素を削減しなければなりません。また、貧困や格差が拡大すると、紛争の原因にもなります。また、世界中には様々な考えの方がいますが、そうした様々な考え方を理解し許容しなければ独善的な世の中になってしまいます。

　そして、この SDGs とは、国連が定めた開発目標を世界中で推進することです。SDGs を事業活動の中心に掲げ、国連で合意された 17 の目標を、2030 年までに世界中で、誰一人取り残さず達成するために努力するというものです。

　「目標1　貧困をなくそう」「目標2　飢餓をゼロに」「目標3　すべての人に健康と福祉を」「目標4　質の高い教育をみんなに」「目標5　ジェンダー平等を実現しよう」「目標6　安全な水とトイレを世界中に」「目標7　エネルギーをみんなにそしてクリーンに」等があります。

　これらの多くは、日本で生活していると実感が沸かないものもあります。例えば「エネルギーをみんなに」といわれても、日本では十分、電気は足りています。

　しかし、世界中にはまだ電気がない生活をしている人たちが大勢います。世界中では、未だに 5 人に 1 人が電力を、利用できていない状態です。「誰一人取り残さず」を達成する道のりはまだまだ遠いといえます。子供たちにはまずそうした事実を知っていただければと思います。

　また、企業は現在、どのような取り組みをしているのかも知ってもらいたいと思います。本書には、住友化学、第一生命、花王、クボタ、オムロンなど企業の実例も掲載しています。

　本書が、日々の生活の中から、2030 年に向けて、どのような行動をしたらいいのか、子供たちに、考え、気づいてもらうためにお役に立てば幸いです。

本書の特徴と使い方

1 第1章の対談では、SDGsの概要が掴めます。教育に関わる具体的な対談になっています。読んで頂くことが教材研究そのものになります。授業実践の前には、是非お読みください。キーワードを中心に解説も入っています。授業を進める上でも役立ちます。

2 第2章の企業のページでは、SDGsに取り組む企業についての紹介です。SDGsを推し進めるにあたって、国はもちろん、研究者、企業をはじめ、多くの努力が必要です。第一章にも書かれているように、企業にとっては、社会貢献とは違い、それぞれの企業の仕事そのものがSDGsの取り組みにならなくてはなりません。児童、生徒さんに教える時、企業の方々の取り組みを、具体的に示すことができます。

3 第3章は、第四章のワークシートを使っての指導案と実践報告です。指導案には、キーワードなど、説明すべきことも載せてあります。指導案を参考に授業を進めることができます。実践報告を読んでから授業に取り組むと授業のポイントが分かります。実践報告のページには、ワークシートの記入例が載っています。参考にしてください。

4 第4章は、19枚のワークシートが別冊になっています。「SDGsとは」が2枚、「17の目標別」17枚です。B5サイズをA4サイズに拡大して、使ってください。5分で準備できるワークシートです。小学校中学年から中学生に適しています。大事な言葉をワークシートの下方に「キーワード」としてまとめてあります。イラストを塗ったり、キーワードをなぞったりなど、作業を入れました。対象者によりますが、1枚15分から20分程度の学習時間を目安に作ってあります。

　最後は、学習のまとめを書き、それぞれの考えをディスカッションへと進めてください。

目次

第4章 SDGs ―キーワードで教えるワークシート（別冊）

第 1 章

SDGs対談
子供達に何をどう教えればよいか

SDGs対談
持続可能な開発のための2030アジェンダ

―子供達に何をどう教えればよいか

注目されているSDGsについて、関正雄氏（専門的な立場から）谷和樹氏（教育現場から）、佐桑徹氏（進行）が、今子供達に伝えるべきことを提案！

1 SDGsの背景

佐桑 SDGsという言葉がよく使われるようになりましたが、まずなぜこの言葉が使われるようになったのかその背景から教えていただけますか。

関 持続可能な開発とは何か、世界で共通に語ることのできる具体的な内容が、初めて明示されたのです。これまで抽象的に語られていた「持続可能な発展」に関して、達成すべき目標という形で、その内容が国際的な合意となったのです。

2012年にリオで開催された「リオ+20」と呼ばれる国連持続可能な開発会議で、中南米の国からSDGsを作ろうと提案がなされました。その前身のMDGsと違うのは、SDGsでは策定プロセスにおいて極めて多様な意見が反映されていることです。国連事務局の方のお話では、５００万件ものコメントが世界から寄せられ、それらの意見が反映されているということです。

佐桑 社会貢献やCSRといった言葉は以前からありましたが、それらとSDGsはどこが違うのでしょうか。

関 端的にいうと、社会貢献というのは、本業とは別に、社会のためになることをすることです。企業のリソース、たとえばお金を使って貢献するというのが典型的ですね。

これに対してSDGsでは、基本的にそれぞれの企業の本業を通じて、目標達成に貢献することです。裏返すとそれが自分たちのビジネスチャンスになるわけです。ですから、企業は関心を強くもっています。

佐桑 世界各国と比較して、日本のSDGsへの関心度合いは、強いのでしょうか。それとも、そうでもない

のでしょうか。

関 世界中の一般市民がどれだけ知っているか、考えているか、と言ったら、パーセンテージ的には少ないです。日本でも、最近３割くらいまでは来たかなというぐらいです。それは世界と比べ、特に多いとも少ないとも言えないと思います。

佐桑 はい。谷先生。学校の先生の間でのSDGsの認知度は、いかがでしょうか。

谷 関先生のおっしゃるように、一般の認知度は徐々に上がっているという感覚はありますね。どうしてかというと、企業が相当な力を入れて今取り組んでいますので、そういったところでSDGsを自分の仕事と関連して、知り始めている人は、非常に増えていると思います。あるいは、街角でも、僕も先日山手線に乗っていたら、山手線自体がSDGsのデコレーションをしていました、ラッピングトレインっていうのでしょうか、JR東日本でしたが、SDGsの17（の目標）を壁に貼って走ってきましたし、その電車に乗ってみ

 キーワード

▌MDGsとは

2000年9月、ニューヨークの国連本部で開催された国連ミレニアム・サミットに参加した147の国家元首を含む189の国連加盟国代表が、21世紀の国際社会の目標として、より安全で豊かな世界づくりへの協力を約束する「国連ミレニアム宣言」を採択しました。この宣言と1990年代に開催された主要な国際会議やサミットでの開発目標をまとめたものが「ミレニアム開発目標（Millennium Development Goals: MDGs）」です。MDGsは国際社会の支援を必要とする課題に対して2015年までに達成するという期限付きの8つの目標、21のターゲット、60の指標を掲げています。

出典　国連開発計画（UNDP）

関　正雄 氏

明治大学経営学部 特任教授
損害保険ジャパン日本興亜株式
会社CSR室シニアアドバイザー

東京大学卒。損保ジャパン日本興亜 理事CSR
統括部長を経て現職。ISO26000エキスパー
ト、ESD活動支援企画運営委員長、経団連企業
行動憲章タスク座長等

谷　和樹 氏

玉川大学教職大学院 教授

公立小で22年間勤務後、現職へ。専門は授業
技術・授業力育成等。著書は『プロ教師が使い
こなす指導技術』等多数。
TOSS(Teachers' Organization of Skill
Sharing)代表代行・TOSS授業技量検定代表

たら、つり革に全部一個ずつゴールが書いてありま
した。そうしたものを見ると一般の人も「これ何?」っ
て思いますから、徐々に認知度は上がっていると思
います。

　ただ、今佐桑さんがお尋ねの、「学校ではどうなの
か」ということになると、残念ながらほとんど知られ
ていない、と言わざるをえないと思いますね。

　私が去年、私たちのTOSSのセミナーで、経済広
報センターの佐桑さんと一緒に開催しているセミ
ナーの会場で、先生方に手をあげていただいた段
階では、知っている人はほぼ皆無でした。100人、あ
るいは80人の会場で、手を挙げたのは1人か2人
という状況でした。その後、私たちも自分たちの雑誌
でSDGsの特集をしたり、あるいは色々なSDGsの授
業を提案したりしていく中で、最近は、ほとんどの人
がSDGsという言葉だけは、知るようになってきたと
思います。

　しかし、日本全体に目を向けてみると、学校で
SDGsを、授業で取り上げているところは、ほとんど
ないだろうと、私は思います。もちろん一部の指定
校とか、あるいは高等学校といった上の方に行け
ば、若干増えるとは思いますけれども、小学校中学

校ではほとんどありません。中学校の社会科のごく
一部で扱われているとは思っていますが、そうした
状態が正直なところだと思いますね。

佐桑　やはり子ども達に知ってもらって、行動して
もらうためには、まず先生に知っていただくのが一
番重要なことですよね。

　関先生が座長のSDGsを推進するESD、私も3年
くらい委員やらせて頂きましたが、そこの座長なわ
けですけれども、NPO、NGO、色々な人にやっていた
だくということがいいと思いますが、その認知や広
がりはいかがでしょうか。

関　　徐々に広がっているとは思いますが、認知度
とか、関心というのはまだまだだと思います。そのな
かで、経団連は組織名にも「SDGs本部」とSDGsを入
れて、前面に打ち出しています。私も座長として関わ
りましたが、2017年に企業行動憲章の改定を行っ
て、企業がSDGsに積極的に取り組み、持続可能な
社会の実現を牽引していくという非常に前向きな
姿勢を打ち出しました。ただ、おっしゃるように企業
だけが頑張っても仕方がなくて、市民セクターも含
め国全体でSDGsの本質というか、一番大事な点を
よく理解して取り組むことが大事だと思いますね。

 キーワード

┃ESD とは
ESD は Education for Sustainable Development の 略 で
「持続可能な開発のための教育」と訳されています。持続可
能な社会を創造していくことを目指す学習や活動です。
　　　　　　　　　　　　　　　　　　文科省のHPより引用

 キーワード

┃NGO と NPO とは
NGO は Non-governmental Organization の略、NPO は
Non-profit Organization の略であり、直訳すると非政府組
織と非営利組織になります。2 つの言葉の明確な定義はな
く、現在でも様々な解釈がされています。

2　SDGsのキーワード

佐桑　SDGsについて分量が多い資料をお渡ししてもなかなか読んでもらえないと思います。そこで、例えば最低限必要なキーワードと言うと何でしょう。

　私が思いついたものは、「国連」「2030年」ですとか「一人残さず」あるいは「17」「169」とかあると思います。関先生から何かこのキーワード、あるいは最低限必要なワードについて教えていただけますか。

関　初めての人にということですね。SDGsとは「Sustainable Development Goals」持続可能な開発目標です。国連で2015年に採択された2030年に向けた取り組み目標です。17のゴールと169のターゲットがあります。その精神は、「誰一人取り残さない」これは1つ目の大きな理念です。

　そして、もう一つ大切な理念は2030年に向けて我々の世界を「大変革する」ことです。「トランスフォーム」という言葉が遣われています。これは、全く姿形が変わるということです。「トランスフォーマー」というおもちゃがありましたね。

谷　ええ、ありました。

関　船がね、こうロボットになったりしますね。あのイメージです。今の社会と2030年の社会とでは、まったく違う社会になっているというくらい、大きく社会を変えようということです。これは、とても

大事な根本理念です。そして同時に、社会を大きく変えていく中でも、「誰一人置き去りにしない」ということです。

　従って、「トランスフォーメーション」と、「誰一人置き去りにしない」この2つが、私は軸になると思います。

佐桑　しかし、世界中、特に途上国ではそうした状況ではないと思うのですけども。

関　はい、そうですね。

佐桑　「一人残さず」というのは本当に達成可能なことなのでしょうか?

関　極めて高い目標だとは思います。そして、社会を大変革するというのも、同じようにすごく高い目標です。

　一方で、いつも思うのですけども、「17の目標」はとても分かりやすいのです。自分たちが消費者や、市民一人一人として、SDGs達成に結びつく何かをやっていると思います。電気をこまめに消すとか、ボランティアをするとか。何らかの接点や関わりを既にもっていると思います。つまり入り口は入りやすく、間口が広くてハードルも低いのです。

　しかし、よくよく中身を見ると、まず「誰一人置き去りにしない」、つまり貧困をこの世からなくすということです。もう一つ、気候変動と闘って、脱炭素社会をめざさなければならない。そのために、この十年で大きな転換をしなきゃいけないということです。いずれも、とても難度が高い課題が中核にあるのです。

佐桑　谷先生のSDGsの模擬授業を拝見しましたが、谷先生から見てSDGsのキーワードとはいかがでしょうか?

谷　今、関先生がおっしゃった通りだと思いますね。誰一人取り残さないというのは、ぼくたちが学校で教えている時にも同時に大事なキーワードです。

私たちTOSSの向山洋一代表はそもそも、その理念の中で「どの子も大切にされなければならない、一人の例外もなく」と示し、そのもとに、ぼくたちの教育活動を進めてきたのですが、つながるものがあります。

「発達障害の子も含めて、一人も取り残すことなく、必ず学力をつけさせなければならない。」という理念なのですが、そういった観点でいうと、このSDGsの誰一人取り残さないという考え方は、非常に教育にはマッチした考え方です。先生方にこのSDGsの理念を伝える時にどうしても外せないキーワードだと思いますね。

佐桑　徹　氏

**一般財団法人経済広報センター
常務理事・国内広報部長**

経団連事務局、東京新聞・中日新聞経済部記者を経て、1998年、経済広報センターへ。産業教育への貢献で文部科学大臣賞を受賞。環太平洋大学経営学部客員教授。元ＥＳＤ活動支援企画運営委員。著書に『インターナルコミュニケーション経営』（共著、経団連出版、第14回日本広報学会教育・実践貢献賞）、『広報ＰＲ＆ＩＲ辞典』（編集委員、同友館）等。

3　SDGsへの取り組みと授業

佐桑　電力がない、電気が使えない子供が全世界の五分の一あるとか、驚くような数字があるわけですが、日本の子供たちには実感がわかないと思います。そうした中で日本の子供たちが行動するうえで優先順位ということではないとは思うのですけど、どれが重要で、どれがみんなで協力してやりやすいのでしょうか？そのあたりいかがでしょう？

関　取り組みやすくはなく、大変難しいことですが、SDGsの中核課題は、先ほど出ました気候変動と貧困・格差です。SDGs採択からもう四年経っていますけど、この二つは、取り組みの進捗がよくないのです。でもあきらめてはいけないのです。どうしたらできるかとみんなで真剣に考えて、総力をあげて取り組まなければいけません。

ですから、先ほども言いましたけど、SDGsには、取り組みやすいものもありますが、難題にチャレン

 キーワード

┌─────────────────────────────┐
┃TOSS とは
TOSSとは Teachers' Organization of Skill Sharing の略で、全国の優れた「教え方」をみんなのものにする教育団体。
└─────────────────────────────┘

ジしなければ、本当にSDGsに取り組んだことにならないのではないかと思います。

佐桑　学校で実際に教え、子供達にやってほしい、子供達を巻き込んでやるとしたら谷先生からするとどの目標が授業化しやすいでしょうか。

谷　目標が先にあるというのは、子供達に教えるときには逆にやりにくいです。やっぱり子供って具体的に動くので、何か困っている人たちの状況を見せるとか、あるいはこういう人たちが国でこういうことで取り組んでいる、とか具体的な事案を見せた上で、これを打開しようとして、例えばお水を綺麗にする装置を運んでいる人や作っている人がいますよと展開していきます。これが、SDGsの中ではどれを改善しようとしていることになるのかなとベクトルが逆の方が子供には分かりやすいですね。

入り口を何にするかという点では、今まさに関先生がおっしゃったようにこのSDGsは学習指導要領にないのですが、貧困と気候変動というのは、学習指導要領に書いてあるのです。教科書にも出てきますし、そういったところから切り口として、入って

いってSDGsの目標に反対側から気付かせた方がいいと思います。

佐桑 どうしても大上段に構えがちで具体例が後になってしまうのですね。

谷 SDGsの取り組みというのは、これだけ目標がありますよといった上で、それぞれについて調べてみようと入る例が多いのですが、割と形式的になってしまって、実際のイメージが豊かに膨らんでいくという授業にはならないです。

私が授業しているのは、「みんな飛行機に乗ったことある？飛行機の中でお食事が出てくるけれどああいうお食事っていいよね。」と言いながら、「あれをどんなふうに食事を軽量化しようか、どんな風に栄養的にバランスをとろうかと考えている人たちがいて、それってどれになるのかな」というように逆から入っていくわけです。

佐桑 谷先生の授業は、貧しい人たちの写真とか映像から入っていきますね。

谷 そうですね。従って、どの目標がとっつきやすいというわけではなく、どういった事例、具体的な事例を探してこられるかという教材研究だと思うのです。

佐桑 関先生いかがですか。

関 例えば「貧困」というととても抽象的ですけど、「貧困」は、普通お金がないことだと思うじゃないですか。でも本当は、経済的な問題だけではありません。

貧困問題に取り組むとしたら例えば電気がないことはとても困りますね。それからもっと困るのはト

イレ。9億人くらいがトイレがなく、屋外排泄をしている。そうすると何が起こるかと言えば病気になりやすい。また、夜屋外で用を足すのは危険でもあります。

よく、「企業としては、貧困問題には取り組みようがない」、「環境には取り組めるけど、貧困には手が出せない」という声を聞きます。

しかし、例えば水をもっと手に入りやすくするとか、電気をソーラー発電でなんとかするとか、トイレ問題も、簡易トイレを普及させるとか、一つ一つの欠乏の問題を考えると、具体的な企業の行動で結局貧困をなくしていくことにつながるのです。そういう回路をつなげることをしていかないと、と思います。

佐桑 子供たちは、国内のイメージはもちやすいと思いますが、アフリカなどの状況は考えにくいのではないでしょうか。

谷 ですからこういったワークシート（本誌別冊）のようなものですとか、映像資料とか教材開発が必要です。実際その場所に行くのが一番いいので、本当は子供を、アフリカとかヨーロッパに連れて行けるのが一番いいのですが、それができない以上、実体験に変わる何か、映像、写真そして文章、そういった物を子供達に共有させてイメージをさせた上で考えさせるといったことが重要です。今回のこの本もそういったテーマで具体的な事例を基に展開していくことになっています。

佐桑 日本の課題という点ではいかがでしょうか。こういう部分がまだ足りないのではないか、こういう発想がもうちょっと入った方がいいのではないかという点についてお聞かせください。

関 今、谷先生がおっしゃったように、世界を知ることです。世界の問題は、もちろん日本の問題でもあるのです。

さっきの機内食ですが、その原材料はどこからきているのだろうか、食器は誰がどこでどういうふうに作っているのかとか考えていくと世界の問題に

なると思います。

　もう一つは、どうやってこの問題を解決していくのか。社会を大変革するというのは、どうやったらいいのだろうか、ということです。

　社会の課題を自分たちで解決する、社会は自分たちの手で変えられるということを、日本は、あるいは日本人は、もっと思わないといけないと思います。

　自分の手では変えようがない、でも誰かがやってくれるだろう、と考えがちです。私も大学で授業しておりますけども学生は、政府に、企業に、やってもらいたい、とよく言います。

　そうではなくて、自分ごととして自分が行動する、あるいは自分だけでできなければ、人を動かしたり、政府や企業を動かしたりしようと考えて、とにかく行動してほしいと思います。

　社会を自分たちの手で変える、問題解決するという、非常に大きな話に思えるかもしれませんが、身近な問題を解決していくようなことから積み上げていかないと、社会は変わっていかないと思うのです。

佐桑　「ゴミを拾いましょう」などの話はやりやすいと思うのですけど、トランスフォームってなるとどういう風に教えたらいいのでしょうか。

谷　難しいですね。でも世界全体がそういう方向に動いているので、SDGs関係でトランスフォームだなと思ったのは、子供たちが大きくなる頃には職業も大きく変化せざるを得ないと言われている点です。

　先日もGoogleが量子コンピューターの解析に成功したというニュースがありましたが、シンギュラリティーというのは本当に実現しそうな予感がします。

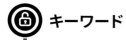 **キーワード**

▮シンギュラリティー とは
人工知能(AI)が人類の知能を超える転換点(技術的特異点)。または、それがもたらす世界の変化のことをいう。

　そうすると僕たちの今普通にやっているこの情報処理というのがもう陳腐なものになっていく可能性が高く、そういった時代に子供たちが生きていくわけです。こうした問題も含めて何らかの非常にドラスティックな技術開発なり、あるいはものの見方の転換が起こらない限りダメなのだと思います。

　それを僕たちが子供たちにこれが大事だとお説教みたいにやってもやっぱり無理なので、実際に体験させる。連れて行けない以上さっきおっしゃったみたいに、テレビ会議なり遠くの人たちとやってみるだとか、具体的にモノを送りあって、それを基に討論してみるとかそういう具体的な活動が必要だと思います。

　その際に、日本人の弱点は英語ができないという点です。子供たちは全然英語がしゃべれませんから、テレビ会議しようと言ってもそこでストップしてしまいます。

　その翻訳AIが今後、極めて進化するかもしれませんけど、英語教育もまたこのSDGsその他と関連して重要になってくるということです。

関　たまたま先週、環境省の国民啓発に関する委員会で、どうしたらもっと意識を高めてもらえるかみたいな話をしていたのですが、そこで出された資料の中に、環境問題に関する世界と日本の意識の違いに関する調査結果がありました。面白かったのが、環境問題に取り組むことによって、自分たちの生活が良くなり豊かになるのか、それとも生活がグレードダウンして、辛い状況に陥るのかという設問がありました。

　メンタリティーが世界と日本とでは全く正反対で、日本人は概して環境問題に取り組むのは辛く、厳しく、生活の質が落ち、それを我慢しなきゃいけないと感じています。世界の考え方は逆で、生活の質がむしろ上がるんだと、ポジティブに捉えているのです。社会を変えることは楽しいことで、豊かになることだと発想を変えていかなきゃいけないですね。

4 SDGsと教育

佐桑 経団連はSociety5.0を活用したSDGsの推進を提言しています。

創造性とかいろんな新しい能力、知識が必要になってくると思いますけれども、まさしくそうした能力を高める教育が求められているとも言えます。

谷 Society5.0をはじめとする今後のAIが躍進していく社会になります。また、日本の場合は、お年寄りが増えていき、今の子供たちが、今後たくさんのお年寄りを支えることになります。「減っていく人口とお金」という観点でいうと、もっと技術革新をして、ロボットやＡＩなどを、若い人たちが積極的に活用しながら、お年寄りを支えていく社会をつくっていかなければと言われています。そういった授業とSDGsが非常に親和性があると思って聞かせていただきました。

佐桑 谷先生の模擬授業で、国連の資料の中で、17の目標の中で、日本が唯一進んでいるのが教育だということをおっしゃると、先生方が「うぉー」っていう反応をしますが、その点はいかがでしょうか。

谷 いわゆるSDGsの通信簿ですよね。それで緑色になっているところが日本では一つだけしかなくて、それが教育です。先生方にこれを提示すると、信じられないといいます。日本の教育の質がそんなに高いとは思えないと、みんな謙虚に思っていたのです。

識字率という点、あるいはどの子にもほぼ教育がいきわたっているという点からすると諸外国に比べてそれはいいのだろうと思います。

ただやはり、発達障害の子供たちとか、ICTを活用した授業という点では、ヨーロッパ、アメリカに、日本は実際大きく遅れをとっています。そうした点も研究しながら、子供たちには、「ICTを活用しようね。」、いろいろなタイプの子供がいる多様性を大事にしながら、「人の個性を認める社会を創っていこうね。」と、学校で協調していくべきだと思います。

5 SDGsの通信簿

佐桑 関先生は国連が発表したそのSDGsの日本の通信簿について、何かご感想とかいかがでしょうか。

関 そうですね、やっぱりジェンダーの問題が、日本は極めて評価が低いですね。

この点は国際比較で常に下位にあるので、産業界としても、今、非常に大きな問題ととらえています。もう一つの気候変動は日本に限らず各国軒並み赤で、良くないです。今のままでは、本当に４℃近く上がってしまうので、そういう中でどうするかということです。

大きなトランスフォーメーションを起こすのは、確かに一人一人ではなかなか難しいですが、人を動かすとか、人に何かを求めるとか、声をあげるということが大事です。

典型的なのは、グレタさんが世界の若者400万人を動かしているという話です。日本は2,000人が

🔒 キーワード

■ グレタさん とは

本名：グレタ・トゥーンベリ　15歳の時に、スウェーデン語で「気候のための学校ストライキ」という看板を掲げて、より強い気候変動対策をスウェーデン議会の外で呼びかけるという学生時代を過ごし始めたことで知られている。

参加をしている状態です。単純明快に、子供たちから大人たちに対して要求を突きつけているのですよね。自分たちは、今はまだ社会を動かせないけど、あなたたちは社会を動かしている、特に政治家ですよね。政治家が本気になって取り組まない限り、トランスフォーメーションなんかできないのだから、責任もってやってくださいよと言っているのです。

　グレタさんの言動は、足を引っ張って悪く言ったりする人もいますけど、日本社会に欠けている部分だと思います。つまり声をあげたり、誰かに要求をしたりということです。環境問題というと、さっきの話じゃないですけど、どうしても自分が我慢するとか、切り詰めるとかっていう行動しか思い浮かばない。

　だけど、さっきのSociety5.0だとかITだとか、活用して社会を変えて、暮らしが便利になるけども化石燃料の使用量は減っていく、というようなことをやろうと思えばできるのです。自分たちだけでやろうとするのではなく、やれる人を動かせばいいのです。もっと、日本人はこのことをやらなきゃいけないと、最近は特に思いますね。

佐桑　SDGsで、よく最近はどの企業もワッペンでSDGsをつけていますけど、本気でやっている会社と、とりあえずマークつけてしまうような会社とあると思うんですけど、それはどのように見分けたらいいのでしょうか。なかなか言いづらいと思いますが、いかがでしょうか。

関　一部の企業には、ブームに乗って、上辺だけでやっていて、本当は意味のあることをやってない、という厳しい批判があるのは事実です。

　企業はすべて、世の中のためになることをやっているわけだから、それは自然体でも17の目標の何かには合致しますよ。

　でも、まさに社会をトランスフォームしようと言っているのだから、そのために意味のあることをやらないといけないのです。上辺だけで実は中身がないことを「SDGsウォッシュ」と言います。かつて環境で「グリーンウォッシュ」と言われていましたけど、今は「SDGsウォッシュ」として批判されます

佐桑　トランスフォームするのは大変なことと思います。

関　日本企業のCSRのルーツは三方よしですが、それだけでは今の時代、十分ではないと思います。

　要するに未来世代、孫子(まごこ)もよしと考えないとだめですね。そのために何をしなきゃいけないかといったら、安定的な社会を続けるというよりも、大きく変えていかなきゃいけない。変化に対する意識というものをもたないと、よくならないと思います。

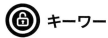 **キーワード**

｜グリーンウォッシュ とは
環境に配慮しているように装うこと。

🔒 **キーワード**

｜SDGs ウォッシュ とは
国連が定める17の持続可能な開発目標（SDGs）に取り組んでいるように見えて、実態が伴っていないビジネスのことを揶揄する言葉。

6　学校現場とSDGs

佐桑　谷先生は、実際に授業で、いろいろな企業の事例を扱っていますけれど、何かお感じになるところはありますか。

谷　今のお話の関連で申し上げると、今までの学校でやっていたことだという意見は根強くあります。

　1960年代〜70年代から公害問題には取り組んできましたし、その後、環境問題という形でこの温暖化、気候変動が始まって、それはちゃんと授業でも取り上げてきました。当然エネルギー問題も、それから節約の問題もやってきて、持続可能な社会っていうのは、学習指導要領にも教科書にも出ているので、今更、SDGsっていう言い方できたのっていう感覚がきっとあると思います。

　実際、中学校の社会科にはSDGsというのがあるし、学習指導要領上入っていますけれども、やっている内容はつまり、環境の変化と国連の働きという勉強のところで出てくる訳で、前からあったねということです。

　今、関先生がおっしゃるように2030年までに誰一人取り残さないという、行動目標として、これを本当に実現できるかどうかはともかく、実現しようと思って真剣に動くのであれば、これまでとは違った要素を入れていかない限りダメだということを子供たちにも分からせなければいけないと思います。

　その時に、子供たちがもっているデジタルネイティブの強みを生かしてほしい。またそれと同時に、日本人がもっているいわば日本型SDGsと言いますか、日本がもっている、世界に比べて際立った特徴があります。それは、長い歴史の中でずっと自然と共生してきたことです。石見銀山に代表されるような、あるいは神道的な鎮守の森だとか、悉皆成仏とかありますよね、あれは仏教ですけれども、そうしたすべての自然を大切にしていくような考え方、八百万の神様とか、祖霊信仰とかの感覚をもちながら、子供たちがこのSDGsとくっつけてしかも新しいことを入れていく。そのうえで、AIとかICTとかそうした授業の方向性を、提案していくべきだと思います。今までの環境問題の授業と同じようなことを提案していたのでは、関先生がおっしゃるトランスフォームにはならないと思いますね。

佐桑　今、指定校に認定されSDGsの授業に取り組んでいる学校もあると思いますが、そこではどんなことをしているのでしょうか。

谷　指定校というのは、僕は訪問したことがないので、ちょっと迂闊なことは申し上げられないのですが、文部科学省が指定されているのは、主に高等学校ではないかなと思います。ネット上で検索しても高等学校の事例がいくつか出てきて、グローバル＋ローカルでグローカルみたいなキーワードを掲げながら、SDGsに取り組んでいる事例がいくつか出てきますね。ただ私たちTOSSがメインの職場としている小学校、中学校というのは指定校としてSDGsというキーワードでやっているところはネット上探してもほとんど出てきません。だからまだSDGsという枠組みで授業している学校はほとんどないのではないかと思います。私たちTOSSランドという教師のための情報サイトを開設しておりますが、そのTOSSランドでもまだ「SDGsの授業」という形で登録されているものはほとんどなく、1〜2件

かなと思います。同様に他のサイトでもそれは同じです。他のグループさんがなさっているところでも基本的にSDGsの取り組みは小学校・中学校レベルではほとんど出てきていないという状態です。

今回、この対談を皮切りにしながら、こうした教材、ワークシートを作り、先生方にまずは授業をして頂き、授業した結果、どういう問題点が出てきたのかというのをフィードバックしながら、先生方と膝を突き合わせながら、事例交換をするというそういう会を全国的に展開していきたいなと思っています。

佐桑 関先生は、ESD活動支援企画運営委員会の委員長でいらっしゃいますが、谷先生にコメントをお願いします。

関 具体的な教材・ツールがあって、それをどう使うかは先生の創意工夫が色々あると思いますが、「これを使うと一定の成果が上がりそうだ」という定番的なツールができるとすごくいいと思います。

企業は企業で、経団連企業行動憲章・実行の手引きとか事例集とか、それに類するものを持っています。教員の世界も、そういうのがあるといいのでは、と思いますね。

また、教育においては、身近な問題として考える、これがすごく大事なことだと思います。アフリカの貧しい子供のことを考えよう、と言ってもなかなか実感がわかないと思うので、自分の身の回りの話、例えば最近家の近くの川がだいぶ汚れてきているとか、何でもいいのですが、そうした身近なところからSDGsに入っていくとよいでしょう。そして、考えて比較をして、想像力を磨くということです。

加えて、大きな世の中の仕組みやルールなども変えていかないと、持続可能な社会はやってこないということも、ぜひ、その中で学んでほしいと思います。

これはすごく重要なことだと思います。選挙に行って投票するとか、声を上げるとかで、身近な問題において何か不都合があるのだったら、誰かを動かして必要ならルール変更をしてもらわなくちゃいけないわけです。そうやって自分たちも問題解決に加わる、という姿勢を学び、身につけてほしいと思います。

これは学校以外においても同じです。ご存知の通りESDは学校教育の話だけではありません。たとえば、本当に必要なのは企業の経営幹部に対する教育です。さらに、政策立案者、議員など政治家ですね。こういう人たちこそ、世の中を大きくトランスフォームできる力をもっているので、その人たちへの教育というのも大きな課題だと思います。

谷 そしてその人たちを選ぶ、選挙、投票する人たち、親の教育、親になる人の教育ですね。だから教育が重要。学校教育が同時に重要だと思います。

佐桑 谷先生から関先生。逆に関先生から谷先生へ何か質問がありましたら、お願いします。

谷 僕たちは学校の教師なので、これを空中戦にはしたくありません。子供達に実際に効果のある教育を作りたいと考えているので、こういった教材を、手始めに作りましたが、もっと具体的に広めていくためには、やっぱりどうしてもお金がいります。学校の先生方はお金がないのです。

企業が連携をしていただきながら、子供達にもっと具体的な教材を作ろうとして頂けるとありがたいです。

今ホームページにダウンロードする教材はありますが、断片的でこういったちょっとしたものがあるだけなので、もっと具体的な教材を作り、子供達に配り、授業をしてもらおうというそういう動きを作っていきたいのですけども、企業への働きかけというものがどれくらい可能なのでしょうか。

関 学校教育に関心をもっている企業は、結構あります。現に、例えば、企業が提供する理科実験の出前授業がありますね。このSDGsについても、あっていいと思いますね。

いろんな企業の事例も取り上げていただいていますけど、こういう企業の事例は、紙の上の文字を読むだけだとなかなかピンとこないので、例えばアフリカの人のためのトイレを作ってみせて、「これいくらだと思う」と問いかける。企業は、こういった事ができますね。

谷 トイレを作っている企業がそのトイレを例えば2000個なり教材化していただいて、これを僕たちが授業にしていく仕組みを作って連携できる企業さんがいるといいですね。

関 さっき言った、企業は世の中を変える力をもっている、というのを体感してもらいたい、そういう思いは確かにありますね。

佐桑 SDGsはどの単元でどういう風に授業ができるのでしょうか。

谷 中学校の場合は教科書上では、社会科です。中にSDGsが書いてあります。

日本の小学校の場合は学習指導要領にない。したがって、教科書に出ていません。実は、次の四月からの教科書にはSDGsが出ているようだと言われています。学習要領に載っていないけれども、おそらく2030年ごろにくる次の学習指導要領の改定にさきがけて掲載されると思われます。

2030年にこの取り組みはゴールになるわけだから、やらないと間に合わない。ほとんどの教科書会社はSDGsを入れてきていると思います。その時社会科が一番多いのですが、僕は社会科だけじゃなくて、むしろ低学年の生活科。それから道徳、そし

て総合的な学習の時間という所で実践できると思います。SDGsは知識を教え込むという授業じゃないので、教科横断的な取り組みが必要と思います。大きくなってこんなことしたいと子供たちが具体的な夢をデザインする、設計するという授業ですから、今申し上げた様々な教科を横断して、もちろん家庭科なども含めて取り組みたいと思いますね。

佐桑 中学の受験用にSDGsの本を使っているようなケースがあるようですが。

谷 入試にSDGsが出るからですね。ただ、SDGsという取り組みがあって、これを覚えておかないと試験に通らないよというのは、本来の教え方ではないと思いますね。

佐桑 ちらって見て頂いたこの教材ですけども、関先生から何か期待することコメントがあれば、対談の最後に景気付けにお願いします。

関 先ほど先生がおっしゃったように、リアリティがあるものがいいですね。現在、教材は静止画像ですが、これが動いたらいいですね。実際にクリックしたらちゃんと見られる動画になっていると、さらにリアリティがあっていいと思います。

谷 先生方は非常に多忙な中で、動画を検索するという時間は難しいです。他の教科もみんな教えなきゃいけないですからね。そうするとパッケージ化されていて、その教材を使えば一通りのものがまず揃っていれば、教材を探す必要がないので、全国の先生方にとってはとてもいいことだと思います。

佐桑 ぜひ、この教材を使って実際に授業をしていただければと思いますが、2020年度に何校ぐらいで授業をやっていただけそうですか。

谷 小学校だけで2万校、中学校を入れ3万校の学校がありますので、一人も取り残さないという理念から言えば、その全部ということになるわけですが、それは不可能ですよね。やっぱり僕たちのネットワークの中でも、できるだけたくさんの、100、200、300の学校で取り組んでいただけるように、働きかけをして、そうした先生方をハブにし

て、また広がっていくという組み立てをしていきたいと思います。

関　子供たちに考えさせるときに、目標間のつながりに気付かせる。例えば、水の問題です。近くに衛生的な水がないから、アフリカの子供が何キロも歩いて、1日2往復ぐらいする。それが何時間もかかってしまう。そして、この子たちが学校に行けなくなる。というようにいろいろな問題が発生するわけです。要するにいろいろな問題がどこかでつながっていますね。

谷　今の事例だけで、目標6、5、4、3とみんなつながっていますね。

関　水の確保というのはこんな風に、ジェンダーの問題とか教育の問題とかに関わるわけです。

谷　そして健康、飢餓もありますよね、貧困とか。

関　皆、つながっていますね。だから、こういう横のつながりに気付いてもらうと、問題の深刻さとか、あるいは逆にそれに取り組めば一気に解決するという希望も見えてくる。そのあたりも是非教えてほしいなと思います。

7　対談参加者から一言

佐桑　せっかくの機会ですので、参加された先生方もどうぞ一言お願いします。

小林　特別支援の子供たちを担当しています。自分たち一人一人が、学んで、意識をもって改革ができるのだとやっていけば、自分たちが日本を変えられる。世界を変えられることを強く感じたので、子供たちに伝えていきたいと思います。

水本　やはり自分たちがテキストを活用して、広めていくハブの人間が必要で、こういった背景を理解した上で、自分も授業をしていきたいなという思いを強くしました。

　一点伺いたいと思ったのが、このSDGsが環境問題や公害問題と同じように捉えられているというのは、まさにその通りだと感じました。ぼく自身も授業をした上で、職場の先生方にSDGsを取り組んでいく大切さみたいなことを伝えていければなと思うのですが、どのように伝えていけばよいのかのご示唆などありましたら教えていただけたらと思います。

谷　この本ができ上がりますので、これを見せて、これで授業できますよって見せていただきたいですね。これ何って言われたら、国連で決まったという「SDGs」の話をぜひ職員室でディスカッションして頂きたいですね。それから「次の教科書に出ま

す」という話。それから「中学校の学習指導要領は出ているけれども、小学校でも同時に重要になってくる」といったようなことをもう少し先生方に伝えていただきたいですね。

関　そうですね。ディスカッションするというのも大事だと思います。企業の中でも「SDGs」についての研修をよくやります。それは、一方的なレクチャーだけだとすぐに頭から抜けてしまいます。だからレクチャー半分、あと残りの時間はグループディスカッションにして、それもなるべく色んな職場の人とか年齢層がバラバラに組み合わさるような工夫をしてやってみると、結構面白いアイディアが出たり、人の意見を聞いて触発されたりとかがあります。こうしたディスカッションは、先生方の間でもやって頂きたいと思います。

村上 関先生の「SDGsの入り口は簡単ですが、目標はすごく高いというところ。だからこそトランスフォーメーションしなければならない」という言葉が胸に突き刺さりました。そのうえで、先ほど17のゴールはそれぞれ、例えば横のつながりがあるということを教えて頂いたのですが、教員の中で、例えば「SDGs」のゴールの中で、例えば2番を力入れてやるとかそういう形で進めていってもよろしいでしょうか。

関 はい。私はそれでもいいと思います。まんべんなくじゃなく、まずは最初のステップとしてとりあげてみよう、ということですね。

ひとつ掘り下げてみると、そこから枝葉が伸びているのですね。例えば、環境と貧困を別の問題として話しました。でも貧困問題にさらにダメージを与えるのが、環境問題ですよね。

シリアの内戦だってもともとは記録的な干ばつが何年も続いて、農村から都市に人口が流入していて、そこで摩擦が起こったのです。そういうことを考えると環境と平和も繋がるのですよね。だからあまり全体をまんべんなくというよりは一つを掘り下げてみると、そこからヨコの繋がりが見えてくるので、それはそれで一つのやり方だと思います。

小島 1年生を担任しています。先ほど対談の中でも、「生活科の中で」とか「道徳で」とか出ましたが、低学年から、意識してやっていかなければいけないなと思いました。「横のつながり」というお話があったので私も「水だけ」とか「貧困だけ」っていうのが、なんか広くなりすぎていて、どう捉えればいいのかというのが、教材を作る上で悩んでいたところでした。今日の中で「横のつながり」から的を絞っていくところを低学年から教えていきたいなと思って、聞いていました。

平山 6年生を担任しています。関先生のお話を伺い、教育の場もトランスフォーメーションして、「SDGs」を捉えていかなきゃいけないなと思いました。

授業の中で、最終的に子供たちにどのような姿にしていけばよいのかという質問です。「子供たちは給食残さないようにしよう」というような具体的な目標で行動してきたりしますが、やっぱりトランスフォーメーションということを考えると、市に要望書を出すとか学校を直接動かすとかそういうレベルで私たち教師も見据えながら進めたほうがいいのでしょうか。

谷 SDGsの最終的な子供の姿はこうでなければならないということを、逆に僕たちが言わない方がいいと思いますね。それは先生方が考えていただくことで要望書を出してもいいし、給食に対して取り組みをしてもいいし、別にどれも間違ってはいないと思います。

ここまで来ないと「SDGsの目標」「SDGsの教育」にはならないということはないと思います。それぞれの子供たちの実態に合わせ、先生方の実態、地域の実態、家庭の実態、そういったものに合わせていきながら、今回の単元の取り組みではこういったところまで狙おうということを先生がお決めになるというのがいいと思います。

師尾（喜） ワークシートの最後をどういう落し方にしようかと考えて、初めは授業の感想というレベルにしたのですけど、結局その「目標についてあなたの考えや出来ることを書きましょう」としました。そこにキーワードを加えるというまとめ方にしたのですけど、その辺りはこれでいいですか？

谷 これはワークシートだから、それでいいですね。このワークシートで授業を完結しようと思う先生はそうなるだろうけども、その先生の授業の一部である場合はまた違ったやり方が可能なわけです。

師尾（勇） 3年前、私がパリ日本人学校にいたときに、ユネスコ本部に小学校6年生と社会科見学に行きました。ユネスコ本部の方から、「日本の教育ってすごいよね」と言われながらも、「働きがいど

う？」とか「報酬どう？」とか「ジェンダー比率どう？」等と聞かれたのを思い出しました。

3年生で、先日「SDGs」の授業を行い、学級通信に載せました。その後、保護者から最先端の授業をして頂いてありがたいと言われました。

守屋 中学校社会科を担当しています。先日、勤務地域で研究授業があったのですけれども、そこでも「SDGs」が取り上げられていて、中学校でも喫緊の内容になっているのかなと感じています。

質問ですが、先ほど出たSDGsウォッシュについて、SDGsの一例として扱っていいのか、それともこれは本来の目的とはずれているよと教えたらいいのか、お聞きしたいなと思いました。

関 子供たちにはそのものについて教えるかというのは別にして、SDGsウォッシュというのは、本当に意味のあることをやっていますか、と問うてい

るのです。SDGsが発表されてからしばらくは、企業は、わが社は積極的にやっています、と言っているだけで、評価されました。でも、もう4年、5年経ち、「何が変わったのですか、説明してください。」と問われているわけです。

企業はどれだけお金を使って、何をやったとかではなくて、例えばその結果どれだけCO_2が何トン減らせたのですかとか、具体的なデータでアウトカムを示すことを求められているのです。それだけ企業に対する期待が高いのだと思います。

さらに言うと、このアウトカムの把握と開示の必要性は、企業だけではなくSDGsに取り組むすべての組織に言えることです。

佐桑 100校、200校と授業をして学校が増えればと思います。さらに企業にも、この本をきっかけにしてより多く出前授業などをしていただければと思います。

▌Profile

せき まさお
関 正雄
明治大学経営学部 特任教授　損害保険ジャパン日本興亜株式会社　CSR室　シニア アドバイザー
東京大学法学部卒。安田火災海上保険（現・損保ジャパン日本興亜）入社。理事・CSR統括部長を経て現職。ISO26000社会的責任規格策定にはエキスパートとして参画。SDGsを組み込んだ2017年の経団連企業行動憲章改定の座長を務めるなど、SDGs浸透に尽力。経団連CBCC企画部会長、ESD活動支援企画運営委員長、東京オリンピック・パラリンピック「街づくり・持続可能性委員会」委員など。著書に「SDGs経営時代に求められるCSRとは何か」（第一法規）ほか。

たに かずき
谷 和樹
玉川大学教職大学院 教授　兵庫県の公立小で22年間勤務。兵庫教育大学修士課程修了。各科目全般における指導技術の研究や教師の授業力育成に力を注いでいる。著書には『谷和樹の学級経営と仕事術』（騒人社）『みるみる子どもが変化するプロ教師が使いこなす指導技術』（学芸みらい社）など多数。
TOSS（Teachers' Organization of Skill Sharing）代表代行・TOSS授業技量検定代表

さくわ とおる
佐桑 徹
一般財団法人　経済広報センター　常務理事・国内広報部長
経団連事務局、東京新聞・中日新聞経済部記者を経て、1998年、経済広報センターへ。産業教育への貢献で文部科学大臣賞を受賞。環太平洋大学経営学部客員教授。元ESD活動支援企画運営委員。
著書に『インターナルコミュニケーション経営』（共著、経団連出版、第14回日本広報学会教育・実践貢献賞）、『広報PR＆IR辞典』（編集委員、同友館）等。

第 **2** 章

SDGs
企業の取り組み

クボタ

アジアのトイレ水の浄化に対する支援

中国農村部に設置されるクボタの大型浄化槽

家庭向けの浄化槽

課題

井戸や水源の近くで排せつされると、その排せつ物の雑菌のせいで感染症にかかってしまう人も多くいます。また、野外の排せつでは、人に襲われる心配もありますし、当然動物に襲われてしまうこともあります。

室内に安全なトイレがあり、排せつ物を含んだ水が浄化されることは、そこに暮らす人々にとって安全で健康で過ごすために大変重要なことです。また、浄化されていない家庭からの排水なども自然を破壊します。そういった意味でも水の浄化は大変重要なことです。

現状

世界では野外で排せつをしなければならない人が約10億人程度いると言われています。また、浄化されていない排水も多く出され自然が破壊されていっています。

取り組み

クボタは、アジアを中心に下水道が整備されてない地域に多数浄化槽を設置しています。建物や家庭から排出される汚水の水質や水量に合わせて、様々な種類の浄化槽が動いており、地域の水環境の改善に役立てられています。

キーワード トイレ・水の浄化

オムロン

交通事故ゼロへ　ドライバー見守りセンサー

ドライバー見守りセンサー

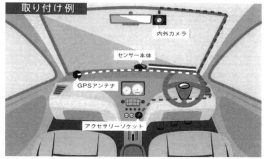

ドライバーセンサーの取り付け例

課題　交通事故の8割の原因がドライバーの不注意などです。つまりドライバーが安全運転できるように支援する技術が重要です。

現状

世界では毎日3400人以上の人が交通事故で亡くなっています。1年で120万人以上の方が亡くなっていることになります。

取り組み

オムロンは、「ドライブカルテ」というサービスを国内で開始しました。ドライバー見守り車載センサーを車に取り付け、そこから取得したデータを、物流・公共交通などの事業者に送ります。つまり、安全運転を管理できるようにしたのです。センサーがドライバーのまぶたの動きや顔の向きを計測し、居眠りやわき見などドライバーが集中して運転していない場合はけいこく音でドライバーに注意します。また、その情報をすぐに運行管理者（会社等）にメールで通知します。また、急加速や急ハンドル、スピード違反などを検知し、データをもとに運転集中度指標と走行リスク指標として事業者にレポートします。事業者はこれらの指標を活用し、ドライバーの安全運転指導に役立てることができるのです。

キーワード　交通事故・安全運転

損保ジャパン

インドネシアでの交通安全プロジェクト

(C) YSTC/Save the Children in Indonesia
地域の先生方へ交通安全教育を広める

(C) YSTC/Save the Children in Indonesia
交通安全設備を整備する

課題
世界の都市の多くで交通渋滞や交通事故が課題になっています。急速に発展した都市などは十分に交通安全教育がなされていません。

現状
インドネシアは交通死亡事故数がアジアで最も多い国です。交通安全の対策が大変重要とされてきました。

取り組み
損保ジャパンは、セーブ・ザ・チルドレン・ジャパンと協働で、交通安全事業に取り組んでいます。インドネシアのバンドンにある学校で交通安全教育を行ったり、自治体と連携して学校周辺の交通安全設備を整備したり、子どもの交通安全に関する社会啓発活動を実施しています。これまでに 30,000 人以上がこの活動に参加しています。
授業を受けた子どもたちの多くが交通安全に関する知識を向上させ、学んだ知識を他の子どもたちにも教えられるようになりました。
また、学校の先生たちの交通安全知識が向上したことにより、保護者の意識も大きく変わってきました。
2018 年からはジャカルタでもこのプロジェクトが進められています。

キーワード　交通事故・交通安全教育

SDGs －企業の取り組み

 6 安全な水とトイレを世界中に

サントリーホールディングス

次世代環境教育「水育」

「森と水の学校」

「出張授業」

課題
世界には安全な水を飲めない人が約21億人もいます。それは、様々な感染症の原因にもなり、水を原因として死亡する人が約36万人いるとも言われています。

現状
今後は人口の増加などを理由に人口の4分の1以上が水不足になると言われています。

取り組み
サントリーホールディングスでは、次世代環境教育として「水育」に取り組んでいます。「水育」とは、子どもたちが自然のすばらしさを感じ、水や水をはぐくむ森の大切さに気づき、未来に水を引き継ぐために何ができるかを考える次世代に向けたプログラムです。自然体験プログラム「森と水の学校」と、小学校で行う「出張授業」の2つの活動があります。
「森と水の学校」は、白州、奥大山、阿蘇の3か所で実施していて、2019年までにのべ約27,000人の親子が参加し、森や水の大切さを体感しています。
また「出張授業」は2019年までに、のべ約2,000校で約154,000名の児童が自然の大切さを学んでいます。

キーワード 安全な水・水育

日立製作所

鉄道ソリューション

山口県下松市の笠戸事業所で製造される
Class 800 車両

英国都市間高速鉄道計画 (IEP) 向け車両
Class 800

課題 人類社会を持続可能なものにするためには、人類の活動による温室効果ガスの排出を直ちに大幅に減少し、大気中の温室効果ガス濃度を安定化させ、地球の気温の上昇をくいとめなければなりません。

現状

日立製作所は、日本で培った新幹線などの鉄道技術をもとに、海外向けに鉄道車両を開発しています。英国史上最大規模のプロジェクトである「英国都市間高速鉄道計画 (IEP)」では、老朽車両の全面的なリニューアルと保守・メンテナンス事業を担う企業として、日立が選ばれました。開発には、安全性能と環境性能の向上が求められます。

取り組み

Class 800 車両は、2017 年より英国にて運行開始している高速鉄道車両で、架線から取り込んだ電力とディーゼルエンジンで発電した電力の両方が使用可能なバイモード車両です。環境負荷を最大限に低減するため、車両重量の軽減、空気力学特性の改善、再生素材の使用比率拡大に取り組みました。レール騒音と空気抵抗を低減する設計により、エネルギー効率が優れ、既存の車両に比べ CO_2 排出と運行コストの削減につながっています。日立製作所は、地球環境や生活の質向上に配慮しながら、技術革新およびシステム革新を進めています。

キーワード 安全性能・環境性能・バイモード車両

住友化学

アフリカのマラリア感染予防に役立つ技術

アフリカでマラリア制圧への取り組み

蚊が家に入り込むのを防ぐ蚊帳

課題

2018年には、世界で年間約2億人以上がマラリアを発症し、約40万人が死に至りました（「World Malaria Report」）。その90%以上がアフリカで発生し、犠牲者の多くは5歳以下の子どもたちです。

現状

マラリアによるアフリカの経済損失は年間推定120億ドル、約1.2兆円とされています。アフリカの経済発展のためには、マラリアの撲滅が必要不可欠といっても過言ではありません。マラリアに罹患することにより、就業や教育の機会を失うことで貧困から脱却できないという悪循環に苦しんでいます。

取り組み

ポリエチレンに練り込んだ防虫剤を徐々に表面に染み出させる技術「コントロール・リリース」。住友化学は、これをマラリアに苦しむ人々のために役立てられないかと考え、研究開発を積み重ねた結果、防虫剤処理蚊帳「オリセット® ネット」を開発しました。2001年に世界保健機関（WHO）から世界で初めて長期残効型蚊帳としての効果が認められ、グローバルファンドなどの国際機関を通じて、80以上の国々に供給されてきました。

現在では、古い薬剤が効かない「薬剤抵抗性蚊」が増えてきたため、アフリカでは再び発症者数が増えてきています。住友化学では、そのような薬剤抵抗性蚊にも効果がある「オリセット® プラス」、また、室内の壁などに吹き付けて半年以上効果が続く新スプレー剤「スミシールド® 50WG」を開発し、アフリカの方々を引き続きマラリアから守り続けています。

キーワード マラリア・WHO（世界保健機関）

第一生命

アフリカの電力不足・食糧不足に対する支援

飢餓をへらすために農業を始める人たち

少しの灯りで勉強する子ども

課題

今後アフリカの人口が 2050 年までに現在の約 12 億人から約 25 億人へ増大すると見込まれる中、電力不足や食糧不足が課題になっています。
アフリカ 54 カ国のうち、25 カ国がエネルギー不足に直面しています。このまま大きな対策を取らないでいると、2030 年には人口の半分が電気のない生活になると言われている地域もあります。

現状

また、アフリカ大陸では、2 人に 1 人以上の人が農業をしているのにもかかわらず、4 人に 1 人以上が飢餓で苦しんでいる地域もあります。人口がさらに増えていくと予想されている中で、このままではさらに飢餓に苦しむ人が増えていきます。

取り組み

第一生命は、社会の課題解決に貢献する方法で、加入者から預かったお金を運用することを目指しています。その一環として、アフリカに電力を広げようとしている会社や、アフリカの土地でも育ちやすい農作物を開発する会社などを資金面からサポートしています。

キーワード 電力不足・食糧不足

花王

環境に配慮した、つめかえ用製品の推進

ごみを削減できるつめかえパック

つめかえパックをそのまま使用できるホルダー

課題

身の回りにあるプラスチックの容器。そのほとんどが石油を原料にして作られています。世界の石油がなくなることも心配されています。また、海を汚してしまうマイクロプラスチックや、ごみを埋め立てる場など様々な問題があります。

現状

ペットボトルやレジ袋、食品トレーやストローなど一度利用されただけで捨てられてしまうパッケージ用のプラスチックが、プラスチックごみの多くなっている原因になっています。

取り組み

花王は、つめかえの推進によるプラスチックごみの削減を目指しています。最新のつめかえ用製品「ラクラクecoパック」は、薄いフィルムを使うことで、プラスチック使用量が本体ボトルの1/6で済みます。つめかえパックをそのまま使用できる「スマートホルダー」も提案しています。こうした、つめかえ・つけかえ用製品によるプラスチック使用量の削減と、製品のコンパクト化による効果を合わせて、約93.1千トンの削減を実現しています。

キーワード プラスチック・海洋汚染

味の素グループ

食資源・地球持続性への取り組み
（しょくしげん・ちきゅうじぞくせい・とく）

カップスープ

持続可能なパーム油（あぶら）

課題
今後の人口増加や気候変動も踏まえ、持続可能な生産と消費は重要課題です。農業生産者までさかのぼり、取り組むべき問題を明らかにしていかなければなりません。特に、日本においては、フードロスの課題は目標値を立てて取り組むべきテーマです。

現状（げんじょう）

味の素グループが製品をつくるためには、自然の恵みである原材料が不可欠です。農・畜・水産資源の持続可能な調達とともに、原料を余さず活かし切るモノづくりを目指し努力しています。人口増加や気候変動も踏まえ、持続可能な生産と消費を目指しています。

取り組み（とりくみ）

味の素グループがパーム油（パーム核油含む）を使用している製品は、カップスープ、即席麺、コーヒークリーマー等の加工食品や化成品等多岐にわたり、使用する地域も日本、東南アジア、欧州、南米にまたがっています。トレーサビリティ（品物を作る段階から、消費し、廃棄するまでの過程まで追跡可能なこと）の立場からも、認可の下りた持続可能なパーム油を原材料としています。10年以上にわたり、廃棄物の資源化、副生物の有効利用などに取り組み、生活者と共に行動し、フードロスの低減にも取り組んでいます。

キーワード トレーサビリティ　フードロス

第 **3** 章

SDGs
ワークシートの指導案と実践報告

SDGs について知ろう・SDGs 17 の目標を覚えよう

1️⃣ 教 材 名：SDGs について知ろう・SDGs 17 の目標を覚えよう

2️⃣ 目　　標：SDGs について、意味や目標を知る。

3️⃣ 評価基準：・SDGs の意味が分かる。

　　　　　　　・SDGs の 17 の目標が分かる。

4️⃣ 授業展開

過　程	教師の主発問・指示	・留意点　＊解説
導入 展開1	1　SDGs のロゴを塗らせる。 2　言葉をなぞらせ、SDGs が Sustainable Development Goals の頭文字をとった言葉だということを理解させる。 3　SDGs が目指していることを教える。 ・言葉をなぞらせ、一緒に声を出させ、読ませる。 ・持続可能という言葉は、「ずっと続けていけること」をおさえる 4　SDGs のキーワードである 5 つの P の言葉について説明する。 ・スペルをなぞらせるとともに、合う意味の言葉を線でつながせる。 ・答え合わせをしながら読ませる。 　　　People 人間 　　　Prosperity 豊かさ 　　　Planet 地球 　　　Peace 平和 　　　Partnership パートナーシップ	・ワークシートを配付する。 ・SDGs の言葉について、知っていることを発表させる。 ＊SDGs は、2015 年に国連サミットで決まったことである。 2015 年から、2030 年までの 15 年間で 17 の目標を達成しようとしていること。 ・小学生には、難しい言葉なので、教師が読み、うす字をなぞらせる。 ・一緒に発音する。 ・キーワードの言葉と意味を線で結ばせる。 ・キーワードと意味を読ませ、線で結べているか、確認する。
展開2	1　SDGs の 17 の目標とロゴを線で結ばせる。 ・目標が上から順番になっている。 ・ロゴには、番号が書いてある。 ・ロゴを見ながら、目指す目標との関わりについて考えさせ、発表させる。	・ワークシートを配付する。 ・点線をなぞらせ、作業手順を確認する。

SDGs について知ろう・SDGs の目標を覚えよう

1. SDGs の学習について

　児童の多くは、SDGs について全く知らないと思われる。SDGs は、2015 年の国連サミットで、2015 年から 2030 年の 15 年間で、17 の目標を達成すると決め、「地球上の誰一人として取り残さない」という目標を立て、世界中の人々が努力することになり、国だけでなく、企業等もそれぞれの仕事の中で取り組むことを説明する。

2. ワークシートを使っての授業について

　SDGs の目標ごとの学習に入る前の、「SDGs」の基本を学ばせるためのワークシートである。言葉や意味、目指すこと、キーワードなど、SDGs について、知っておくべきことをまとめた。また 17 の目標とロゴを線で結びながら、次への学習の見通しをもつことができる。キーワードをなぞったり、絵に色を塗ったりの作業を取り入れ、難しい言葉を覚え、状況をイメージできるようになっている。知識をもたなくても、もっていても、小学生から中学生まで、幅広く学習が可能である。さらには、このワークシートをきっかけにディスカッションへと発展してほしい。

3. ワークシート記入例

1 貧困をなくそう

1 教 材 名：SDGs 1　貧困をなくそう

2 目　　　標：世界の貧困に苦しんでいる人々のことを知り、自分にできることを考える。

3 評価基準：・アフリカに貧しい国が多いことに気付く。

　　　　　　　・SDGs 1 の目標について、自分の考えやできることを書くことができる。

4 授業展開

過　程	教師の主発問・指示	・留意点　＊解説
導　入 展　開	1　「貧困」の定義を知らせる。 ・貧困とは 1.9 ドル未満で生活することです。 　日本円にすると、いくらくらいでしょう。 　（200 円くらい） 2　資料を掲示し、絵を塗らせる。 ・世界貧困ランキング 1 位から 5 位までの国に色を塗り 　なさい。国の名前を読ませる。 ・ハンガーマップを提示するとアフリカが赤いことがよ 　く分かる 3　貧困による問題点を考えさせる。 　┌──────────────────────┐ 　│貧困で困ることはどんなことですか。│ 　└──────────────────────┘ ・食事ができない。 ・学校に行けない。 ・服が買えない。 4　貧困の原因をなぞらせ、確認させる。 ・干ばつや国の経済等については説明する。 5　SDGs 1「貧困をなくそう」の目標について 　　自分の考えやできることを書かせる。 　　書いたことを発表させる。 ・ハンガーマップには入っていなくても、日本にも貧困 　の人はいるのか。 ・募金についての方法を調べてみる。 ・ボランティアに参加するにはどうするのか。 ・国連では、どんな取り組みをしているのだろうか。	・ワークシートを配付する。 ・200 円で何ができるか考えさせる。 ＊「ハンガーマップ」は 国連世界食糧 　計画（国連（WFP）のサイトで見る 　ことができる。 ＊アフリカに多いが、アジアにも赤い 　国があることを示す。 ・「貧困」のレベルが、日本での生 活とは違うことに気付かせる。 ＊アフリカをはじめとする貧困は、国 　の制度やインフラ、干ばつなどの気 　候変動などにより、農業生産がわる 　いことなどがあげられる。 ・「貧困」について世界と日本の違いに 　注目させる。 ・テーマを見付け、ディスカッション 　までさせたい。
まとめ		

SDGs 1　貧困をなくそう

［授業学年・人数／中3年・33名］

1. SDGs の学習について

　中学3年社会（公民的分野）の学習内容に「持続可能な開発」に学ぶページがあり、社会科のなかで取り組むことができる。地理的分野では世界のことを学ぶため、アフリカの貧困について知っている生徒も多数いる。目標1の「貧困をなくそう」の学習については、関連した知識を生かし、意欲的に取り組むことができた。

2. ワークシートを使っての授業報告

　指導案にそって授業を展開した。目標1で学習することが1枚のワークシートにまとめられていて、授業のねらいが明確になり使いやすかった。

　子供たちは、地図に色を塗る活動に集中しており、アフリカの中でも貧しい国の位置を知ることができた。「1日200円以下で生活していること」が貧困であることを知って、その重大さを感じていた。「貧困で困ることは」の問いには、200円以下という基準が設けられたので、自分の生活と結び付けて、様々なことができなくなることに気付くことができた。「貧困」は、様々な問題とリンクしていることに気付かせることのできる授業となった。できることについては、さらに深くディスカッションしていきたい。

3. 生徒の主な意見

・残飯をなくす。

・食料などを送る。

・使わないものなどをアフリカの人におくる。エコキャップ運動や募金活動に参加する。

・ごはんを残さない。今あるものを大切にする。

・貧困をなくし、経済力を高める。

・ボランティア活動に参加する。

・募金をする。他の国と協力して支援する。

・本をおくる。

【ワークシート記入例】

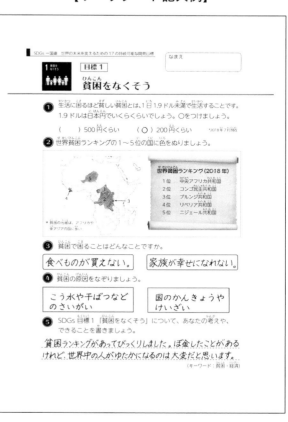

2 飢餓をゼロに

■1 教 材 名：SDGs 2　飢餓をゼロに
■2 目　　　標：世界の飢餓事情を知り、食糧の大切さに気付く。
■3 評価基準：・飢餓の言葉の意味を知る。
　　　　　　　・SDGs 2 の目標について、自分ができることや考えを書くことができる。

■4 授業展開

過　程	教師の主発問・指示	・留意点　＊解説
導　入 展　開	1　飢餓という言葉について理解させる。 飢餓とは何ですか。 うすい字をなぞり、意味を一緒に読みましょう。	・ワークシートを配付する。 ・どこで、どんな時に聞いたことあるかをたずねる。 ・うすい字をなぞらせ、キーワードをおさえる。
	2　世界の飢餓の状態について知らせる。 世界の人口の何人に一人が飢餓に苦しんでいると思いますか。 A9 人　B18 人　C27 人　D その他	・ABCD の例示を示しても良い ＊ハンガーマップの飢餓の国の 5 段階について説明する。 ＊9 人に 1 人が飢餓に苦しんでいる。 （約 8 億 2000 万人） （2018 年度ハンガーマップ）
	3　「ハンガーマップ」について調べさせる。 白（15％以上）の国を赤色で塗りましょう。	＊日本は、非常に低い段階の 5％未満の国であることを確認する。 ＊アフリカに飢餓で苦しむ人が多いことをおさえる。
	4　マップを見て、分かったこと、気付いたこと、思ったことを書かせ、発表させる。 ・赤色に塗った国は、段階 3 （15％以上）である。 ・アフリカのハンガーマップを学習した後で、世界のハンガーマップを提示し、比べさせる。	＊アジアの一部、中南米にも段階 3 と 4 の国がある。
まとめ	5　SDGs 目標 2 「飢餓をゼロに」について、自分の考えや、できることを書かせる。	・評価基準に照らし、理解度を確認する。

SDGs 2　飢餓をゼロに

[授業学年・人数／ 5 年・38 名]

1. SDGs の学習について

　SDGs という言葉を聞いたことがある児童は 10 名近くいた。SDGs というテーマはもちろん、食糧問題についての学習は初めてである。目標 2 は 5 年生の社会科「これからの食糧生産」の学習につながる内容である。「フードロス」という言葉を知っている児童から、「飢餓」という言葉自体を初めて聞く児童まで、知識の量にはかなり差があった。

2. ワークシートを使っての授業報告

　学ぶことが 1 枚のワークシートにまとめられていて、作業を通じて子供達が飢餓の現状を理解することができた。ワークシートの「栄養不足」というキーワードをなぞる作業を通して、飢餓と栄養不足との関わりを学ぶことができた。「世界の人口の何人に一人が飢餓に苦しんでいるか？」という問いに対して、「9 人に 1 人」という実態を知ったことで、世界の飢餓の現状を捉えることができた。「栄養不足の人口の割合が 15 パーセント以上」の国に赤色を塗るという活動があった。この活動を通して、世界と照らして、アフリカの国が多いという現実にほとんどの児童が気付くことができた。

3. 児童の主な意見

・飢餓で苦しんでいる人々に食料を分け、募金などで食べ物が買えるといいです。

・食料の多い国から少ない国へ提供したりする必要があると思います。

・栄養不足の国へ、食べ物を分けるためにも、フードロスを考えたほうがいい。

・栄養不足で困っているのは世界の人口の 9 人に 1 人はおどろきました。

・アフリカ大陸では、栄養不足の人口の割合が 15 パーセント以上の国が多いことに気づきました。

【ワークシート記入例】

3 すべての人に健康と福祉を

1 教 材 名：SDGs 3　すべての人に健康と福祉を

2 目　　　標：世界の子どもの健康状況を知り、みんなが健康でいられる方法を考える

3 評価基準：・多くの赤ちゃんが病気で亡くなっていることを知る。
　　　　　　　・SDGs 3 の目標について、自分ができることや考えを書くことができる。

4 授業展開

過　程	教師の主発問・指示	・留意点　＊解説
導　入	1　世界には、5 才まで生きられない赤ちゃんはどのくらいいるかを予想させる。 ・10 人に 1 人が 5 才まで生きられない。 ・病気（肺炎や下痢）で死んでしまう。	・ワークシートを配付する。 ・予想させる ・答えが書かれているか確認する。
展　開	2　問題を一緒に読ませる。 ・「病気・予防・治療」の言葉をおさえる。 ・病気になった時、どうするか話させる。 ・知っている病名を発表させる。 ・その中でうつる病気を「感染症」ということをおさえる。 ・感染症の名前をなぞらせる。 3　病気がなぜ広がってしまうか考えさせる。 ・環境が悪い。空気や水が汚い。 ・予防や治療の医療が発展していない。 ・病院が足りない。 4　健康保険証と母子手帳のイラストを塗らせる。 　　文字をなぞらせ、いつ使うか確認させる。 5　健康保険証と母子手帳が世界から注目されていることを説明する。	・自分が、病気になった時にどうしたかの体験が、ディスカッションに生きてくる。 ＊感染症については、 　マラリアは、蚊がマラリア原虫を運ぶ。 　結核は、結核菌が肺に感染して発症する。 ・インフルエンザの経験などから、空気や水とかかわることに気づかせる。 ・実物を見せることが望ましい。 ・どれくらい知っているかを確認する ・それぞれの制度の良いところについて簡単に説明する。 ・国や自治体が守ってくれている。
まとめ	6　SDGs 3「すべての人に健康と福祉を」の目標について、自分の考えや、できることを書かせる。	・評価基準に照らし、理解度を確認する。

SDGs 3　すべての人に健康と福祉を

［授業学年・人数／中 3 年・28 名］

1. SDGs の学習について

　日本では「小学校を卒業して、中学校に通う」ことが普通の状況である。世界ではまだそれが「常識」になっていないということを知るきっかけとなった。この情報を与えたことは、中学生に大きな衝撃であり、学びになった。SDGs をきっかけに、世界の国々と日本を比較し、その違いに興味を広げることができた。「キャリア教育」にもつながる学習である。

2. ワークシートを使っての授業報告

　学ぶことが 1 枚のワークシートにまとめられていて、授業のねらいが明確になり使いやすかった。またなぞることや色を塗ることで作業があり、単調な講義形式にならないところもよかった。

　小学生向けのワークシートだったが、中学生でも取り組みやすいものだった。また「健康保険証」や「母子健康手帳」が世界で注目されているということに大きな驚きがあった。普段使っているものが「大変価値のあるもの」という認識になった。

3. 生徒の主な意見

・医療が発展している国々がアフリカの国々にもっと医療法を伝えるべき。

・医療が発展している国が開発途上国へ予防接種、マスクや薬を提供する。

・世界の人々が健康になるために、日本の医療の知識を分け与え、広がればいいと思う。

・感染については、身の周りから環境を整えてきれいにする。

・健康を守ることで、感染症を防ぎ、国や国民のために安全で幸せな生活ができるようになるといいと思う。

【ワークシート記入例】

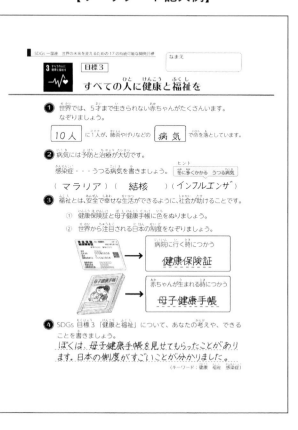

4 質の高い教育をみんなに

1 教 材 名：SDGs 4　質の高い教育をみんなに

2 目　　　標：世界の学校に関心をもち、教育の大切さを知る。

3 評価基準：・国によって、教育の環境が違うことが分かる。
　　　　　　　・教育（例えば文字の読み書き）が大切なことが分かる。

4 授業展開

過　程	教師の主発問・指示	・留意点　＊解説
導　入	1　国によって、教育環境の違いがあることに気付かせる。 　一番前の机を使っている子供に色をぬりましょう。 ・一つの机を何人で使っているか数えさせる。5 人 ・何の勉強をしているか予想させる。（字の読み書き）	・ワークシートを配付する。 ・5 人塗ることが大変ならば、机を塗り、5 人いることを確認しても良い。
展　開	2　イラストを見て授業の様子を読み取らせる。 　分かったこと、気が付いたこと、思ったことを書きましょう。 ・机をみんなで使うのでせまいだろう。 ・となりの人とぶつかりそう。 ・机の高さが高そうで、字が書きにくいだろう。 ・字を読んでいるようだ。 3　識字率について考えさせる。 　文字を書いたり読んだりできないと、どんなことが困りますか。 ・本が読めないと勉強ができない。 ・自分の名前のサインができない。 ・識字率は、国や地域の中で、文字を書いたり読んだりできる人の割合。	＊世界には、学校に行けない子供が約6,300 万人いる。 ・学校、教室、机等の設備の他、教師等の教える人材も足りていない所がある。 ・女性は学ぶ必要がないと考えている地域もある。 ・小黒板に書かれた文字や、大人の女性に気付かせる。 ＊日本の識字率は約 100％でカンボジアは 78％（都市部で 90％だが、農村部では 75％）。日本は、ずっと昔から学校（寺子屋など）があり、識字率が高い。
まとめ	4　SDGs 目標 4「質の高い教育をみんなに」について考えやできることを見付けさせる。 ・日本の人はみんな自分の名前を書くことができる。 ・日本と外国では、学校の様子が違う。 ・日本はしあわせだから、もっとがんばりたい。	評価基準に照らし、理解度を確認する。

SDGs 4　質の高い教育をみんなに

[授業学年・人数／知的障害特別支援学級３年３名・６年３名]

1.　SDGs の学習について

　児童は SDGs について全く知らなかった。世界の全員が取り組むべきこと、課題を解決しようとする取り組みで、最終的なゴールが 17 個あることを伝えた。「自分達も取り組むのか」という声があり、「その通り」と伝えると、子供も参加することに驚いていた。日本の教育の質の高さをテキストで知ることができた。一方で、世界には文字を読んだり書いたりすることができない人がいることを知った。

2.　ワークシートを使っての授業報告

　ワークシートの手順で進み、世界の教育について知ることができた。子供たちは、テキストにあるイラストと自分の学級の違いについて注目した。一つの長机に詰めて座って学習する子供達に気づくことができた。文字を読んだり、書いたりすることができると当たり前に思っていた児童であったが、世界では自分の国の文字を読んだり書いたりすることができない人がいることに驚いたようであった。

3.　児童の主な意見

・文字を読んだり書いたりすることが、大変だということがよくわかった。

・文字が読めないと仕事ができなくて困ることを、自分と比べてわかった。

・文字を読めないと、仕事につけないと思う。仕事をしてもお給料にも関係すると思う。

・1 つの長い机でおおぜいで勉強していたら、となりの人が気になるくらいきゅうくつそうだった。それでも勉強していてがんばっている。

・日本がいいかんきょうで勉強ができてよかった。

・日本とくらべて、世界の授業の様子を知りたくなった。いろいろあると思う。

【ワークシート記入例】

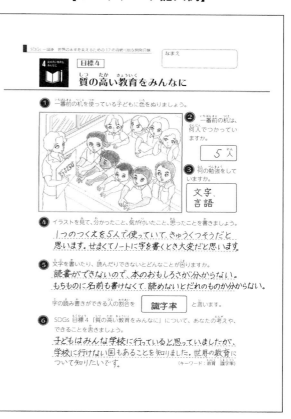

5 ジェンダー平等を実現しよう

1 教 材 名：SDGs 5　ジェンダー平等を実現しよう

2 目　　　標：ジェンダーの意味を知り、偏見をなくしていこうという気持ちをもつ。

3 評価基準：・男女平等について考えることができる。

　　　　　　　・SDGs 5 の目標について、自分の考えや、できることを書くことができる。

4 授業展開

過　程	教師の主発問・指示	・留意点　＊解説
導　入	1　男女の違いについて考えさせる。 　　男の子と女の子に色をぬりましょう。 ・男だから、女だからという色で塗らなかったか。 ・何色で塗ったか、その訳などについて話し合う。 　　男女のちがいを書きましょう。 ・男子は力が強い。 ・女子はスカートをはくが、男子ははかない。 ・お母さんはお化粧するけど、お父さんはしない。	・ワークシートを配付する。 ・男子を何色で塗ったか、女子を何色で塗ったかなどを確認する。また理由も聞く。 ・男女の違いが出にくい場合は、大人の男女について意見を求める。 ＊ジェンダーとは、社会的、文化的に作られた性別のこと
展　開	2　ジェンダー、ジェンダーフリーの意味を教える。 　「男の子だから青、女の子だから赤にしよう」のように、「社会的に考えられている男らしさ／女らしさ」をジェンダー（gender）と言います。男女が平等に能力を生かして生活できることをジェンダーフリーと言います。 ・うすい字をなぞらせ、一緒に読ませる。 3　世界の女子差別の現状を知らせる。 ・マララさんの演説を読み、現状を伝える。 ・世界では、女性差別についての大きな課題があることに気付かせる。	＜外部資料の紹介＞ ・理解の年齢を考え、プランインターナショナルの HP から一人紹介するのもよい。 ・NHK for school「オンマイウェイ　偏見をなくすためにはどうすればいいんだろう？」 ＊ジェンダー平等がなされているかどうかの数値で日本は 110／144 位である。経済面に課題がある。企業では女性役員は全体の 7.5％で、世界的にも低い。
まとめ	4　SDGs 5 の「ジェンダーを平等にしよう」について、自分の考えや、できることについて書かせる。	＊マララさんは、世界の女子教育のために力をつくし、2014 年最年少でノーベル平和賞を受賞した。マララ・ユスフザイさんの本を紹介する。（『わたしはマララ』等）

SDGs 5　ジェンダー平等を実現しよう

[授業学年・人数／6年・24名]

1. SDGsの学習について

　国語の「意見文を書こう」という単元で取り組んだ。SDGsの目標を理解させてから、SDGsを題材にして意見文を書かせた。子供たちは、SDGsについて学んだことや目標のためにどう行動していきたいかについて、意見文を書くことができていた。

2. ワークシートを使っての授業報告

　男女のイラストに色をぬらせる際には、「自分のイメージで構わないから色をぬってみましょう。」と指示した。子供たちは、様々な色をぬったが、おおむね女の子にはほとんどパステルカラーや赤系で、男の子には青系が多かった。中には女の子に黒や茶色等様々な色を付けた子がいて、その子の発表からジェンダーの意味を考えていくことができた。

　授業では図書室から『わたしはマララ』を借りてきて児童に紹介した。「子供や女の子が教育を受けられない現状が存在することに驚いていた。

　そして日本のジェンダーギャップ指数を教え、女性が活躍できていない現状などを伝えた。子供たちは意見文作成のため、原因とその解決方法や企業の取り組みについても調べていった。

3. 児童の主な意見

- しらないうちに、男の子と女の子を違うように色をつけてしまっていることに気付いた。
- 世界には、ジェンダーで苦しんでいる人が本当に多いことがわかりました。もっとそのことについて調べたいです。
- 日本でもジェンダーで苦しんでいる人がいることがわかりました。
- 私たちでもできることを調べてやっていきたいです。

【ワークシート記入例】

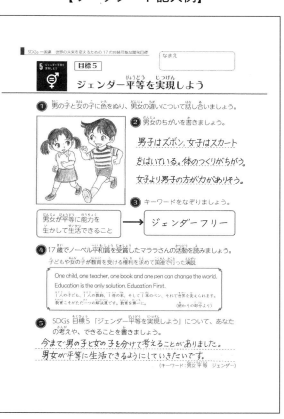

6 安全な水とトイレを世界中に

1 教 材 名：SDGs 6　安全な水とトイレを世界中に

2 目　　　標：世界の水事情に関心をもち、水の大切さを知る。

3 評価基準：・川の水を濁っている色（茶色や灰色など）で塗ることができる。
　　　　　　　・SDGs 6 の目標について、自分の考えやできることを書くことができる。

4 授業展開

過　程	教師の主発問・指示	・留意点　＊解説
導　入	1　水について考えさせる。　　　どんなときに水を使いますか。	・ワークシートを配付する。 ・テンポよく発表させる。 ・資料を見せ、手際よく塗り絵をさせる。
展　開	2　資料を掲示し、絵を塗らせる。 3　分かったこと、気付いたこと、思ったことを箇条書きにさせる。	・「子供がしていること」や「川の色」などに注目させる。 ・ABCD の例示を示しても良い
	4　子どもや女性がしていることを考えさせる。　　　子供たちは、何をしていると思いますか。 Ａ 水遊び　Ｂ 水を飲む　Ｃ 洗っている　Ｄ 水くみ ・水道がなく、川に水くみに行っている。 ・川で水をくみ、村に運んでいる。 ・水くみは、子供や女性の仕事になっている。	＊生きることは水をくむこと。25 キロのタンクを何時間もかけてくみに行き、運んでいる。そのために学校にも行けない子たちがいる。女性や子どもの仕事とされている。
	5　水の色について考えさせる。　　　川の水は、何色だと思いますか。 Ａ ブルー　Ｂ 土色　Ｃ 透き通っている　Ｄ その他 ・アフリカの国では干ばつなどにより、川の水の量も減り、水は濁り、衛生的とは言えないところがある。	・ABCD の例示を示しても良い ＊世界には、水道がなく、衛生的な水が手に入らない人が 9 億人いて、濁った水の上ずみを飲むこともある。雨が降らず水不足も悩みである。 ＊トイレがなく、川に尿や糞を流すところもあり、川の水の汚れと関係している。
まとめ	6　SDGs 6「安全な水とトイレを世界中に」の目標について、自分の考えや、できることを書かせる。	・評価基準に照らし、理解度を確認する。

SDGs 6　安全な水とトイレを世界中に

[授業学年・人数／３年・38名]

1.　SDGs の学習について

　SDGs 6 については道徳「自然愛護」の項目を取り扱った時に少しふれている。「14 海の豊かさを守ろう」と関連させて海洋プラスチックについても扱ったが、「他の目標ももっと詳しく知りたい」との声もたくさんあがった。今回の「6 安全な水とトイレを世界中に」の学習は、前述の反応からも意欲的に取り組むことができていた。

2.　ワークシートを使っての授業報告

　目標 6 で学ぶことが 1 枚のワークシートにまとめられていて、授業のねらいが明確で使いやすかった。子供たちは、水に関わる世界の状況や、日本との違いに目を向け、水の大切さについて真剣に考えていた。写真を見たり、色を塗ったりする活動を通して、水を手に入れるのが大変な地域があることを学んだ。ラクダを手がかりに、アジアやアフリカの国だと予想した子が多かった。授業後には、学級通信に子どもたちの反応を載せ、家族で話し合ったり考えたりするように促した。

3.　児童の主な意見

・よごれた水を飲んだら、おなかがいたくなったり、病気になったりすると思います。日本の水を分けてあげたいです。

・日本と外国がちがうことが分かりました。

・世界中の人がきれいで安全な水をのめるといいです。世界中の人たちの協力が大切だと思います。水を大切に使おうと思います。

・水道がなかったらたいへんだと思いました。日本は水道から水が出て幸せです。

・昨日こういうテレビを見たばかりなのでじゅぎょうがよくわかった。毎日の生活についても考えるようになりました。

【ワークシート記入例】

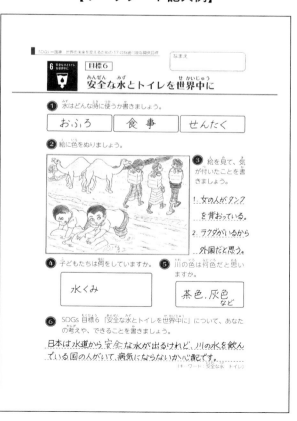

SDGs ワークシート 7 の指導案

7 エネルギーをみんなに そしてクリーンに

1 教 材 名：SDGs 7　エネルギーをみんなに　そしてクリーンに

2 目　　標：世界のエネルギー事情に関心をもち、再生可能エネルギーについて知る。

3 評価基準：・再生可能エネルギーについて知ることができる。
　　　　　　　・SDGs 7 の目標について、自分の考えや、できることを書くことができる。

4 授業展開

過　程	教師の主発問・指示	・留意点　＊解説
導　入	1　電気がない地域の現状と SDGs7 の目標を知らせる。 　電気がない地域は、何を使って料理していますか。 ・絵と照らし、字をなぞらせ、説明をする。 ・SDGs 7 の目標について頭文字をヒントに考えさせる。 　（電気　ガス　）	・ワークシートを配付する。 ＊まきは木を切り小さくしたもの、すみは、木を蒸し焼きにして、燃料にするもの。 ＊まきやすみに対して、ガスや電気は便利でCO2 の排出が少ない。ガスや電気をみんなが使えるようにすることが目標。
展　開	2　エネルギーについて考えさせる。 　かぎりある資源とは何ですか。 ・頭文字をヒントに記入させる。 ・石炭・石油・天然ガス　脱炭素化 　再生可能エネルギーにはどんなものがありますか。 ・イラストを参考に記入させる。 ・水力・風力・太陽光・地熱・バイオマス	＊かぎりある資源である石炭、石油、天然ガスが現代の主なエネルギー源である。 ＊二酸化炭素が出ない脱炭素化を世界で目指している。 ＊バイオマス発電は動植物等の生物から作り出される有機性エネルギー資源を燃焼させたりして発電する仕組み。
まとめ	3　SDGs 7「エネルギーをみんなにそしてクリーンに」の目標について、自分の考えや、できることを書かせる。 ・学年に応じて、クリーンの意味「きれいに」の説明をする。	・評価基準に照らし、理解度を確認する。

48

SDGs 7　エネルギーをみんなにそしてクリーンに

［授業学年・人数／3年・23名］

1.　SDGs の学習について

　SDGs について、お父さんやお母さんが言っていたという児童もいたが、知らない子どもがほとんどだった。「電気がない地域」や「ガスがない地域」を3年生の児童がイメージするのは難しいと考え、関連する写真を探し、授業の初めに提示した。

2.　ワークシートを使っての授業報告

　薄く文字が書いてあるので、3年生の子ども達でも、「脱炭素化」などがスラスラと書けていた。水力や風力発電は知っている子が多かった。再生可能エネルギーについては、補足資料を用意した。「まき」や「すみ」が分かるか心配したが、キャンプやバーベキューを経験している子もいて、「電気」や「ガス」と比べることができた。

3.　児童の主な意見

・私はゲームでなく、外で元気に遊びたいです。電気のつけっぱなしをなくします。

・お兄ちゃんがいつもこたつをつけっぱなしにしているから、ちゃんと確認します。

・電気や水は大事、むだにしたくないです。

・出かけるとき車を使わずに歩く。

・電気がないところに住んでいる人たちも電気が使えるようになるとよいと思った。

・太陽光発電は家についているので、これからも、使っていきたいと思った。

・脱炭素社会という言葉をはじめてしった。資源を大切にしていきたいと思った。

・電気やガスをむだづかいしないようにしたい。

【ワークシート記入例】

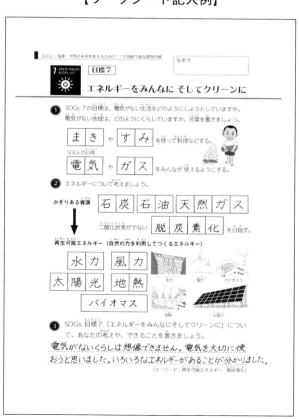

49

8 働きがいも経済成長も

■1 教 材 名：SDGs 8　働きがいも経済成長も

■2 目　　　標：働きがいについて知り、それがどのような仕事かを考える。

■3 評 価 基 準：・世界には、学校にも行けず働く子がいることを知る。
　　　　　　　　・SDGs 8 の目標について、自分の考えや、できることを書くことができる。

■4 授業展開

過　程	教師の主発問・指示	・留意点　＊解説
導　入	1　仕事について考えさせる。 　 人は何のために仕事をするのですか。 ・生活をするため　　・人と関わるため ・人の役に立つため　・やりがいをもつため	・ワークシートを配付する。 ＊東日本大震災からの復興で、「仕事」が人々のやりがいや生きがい、人との関わりなどにつながったことを紹介する。（お店の再開などの話）
展　開	2　児童労働について考えさせる。 ・コーヒー農園で働く子の仕事をしている時間に色を塗らせる。 ・何時間働いているのだろう。（約9時間） ・勉強する時間がない。 ・水くみや農園までの徒歩の時間を入れると長い時間になる。	・感想を聞き、どのような問題が生じるか考えさせる。 ＊世界では、義務教育を受けるべき子供の10人に1人が働いていることを伝える。
	3　児童労働とディーセント・ワークについて説明する。 ・うすい字をなぞらせる。 ・「児童労働」について読み確認する。 ・ディーセント・ワークの定義について、一緒に読み確認する。	＊尊厳、平等、公正な収入、安全な労働環境、労使の対話などが必要なことを伝える。 ＊人工知能（AI）によってなくなる仕事があると言われている。働きがいのある仕事がどう変わっていくか考えさせる。
まとめ	4　SDGs 8「働きがいも経済成長も」の目標について、自分の考えや、できることを書かせる。 ・子供が義務教育を受けられることが大切 ・人間らしい仕事	

SDGs 8　働きがいも経済成長も

[授業学年・人数／5年・29名]

1．SDGs の学習について

　SDGs という言葉を知っていた子供が1人いた。授業の初めに、"No one will be left behind."（誰一人取り残さない）という点にふれ、「働きがいも経済成長も」というテーマにおいては、「児童労働」、「ディーセント・ワーク」について扱った。世界の中には、小学生と同じぐらいの年齢の子供たちが強制的に働かされている。戦場に駆り出される子供もいる。人は何のために仕事をするのか。「働きがいのある人間らしい仕事」とは何かという点に迫った。

2．ワークシートを使っての授業

　世界では1億5200万人が児童労働に従事していて、10人に1人の子どもが働いているという計算になる。ワークシートにはアフリカのコーヒー農園で働く子の一日が帯グラフになっている。仕事をしている時間に色を塗らせると子どもたちはシーンとなって色をぬった。作業後、「こんなに働いているの」「全部で何時間だろう」「これでは勉強ができない」という声が聞こえてきた。農園まで徒歩数時間、水汲みも大人の手伝いでする。すべて仕事と考えると、色をぬる部分はさらに広くなる。世界の現状を知ることが、何のために仕事をするのかを考えるきっかけになった。

3．児童の主な意見

・嫌でも働かされ、人をもののように使うようなことがなくなり、ディーセント・ワークが増えるといいと思いました。

・一人一人の子どもたちを思い、しっかりと働きがいのある仕事を増やす必要がある。

・自分が児童労働をなくすことは難しいけれど、みんなが児童労働について知ることが大事だと思いました。

・たくさんの人と関わり、やりがいのある仕事につきたいです。

【ワークシート記入例】

51

SDGs ワークシート 9 の指導案

9 産業と技術革新の基盤をつくろう

1 教 材 名：SDGs 9　産業と技術革新の基盤をつくろう
2 目　　標：世界には電気のない生活があることを知り、電気の大切さを知る。
3 評価基準：・世界の電気事情について感想をもつことができる。
　　　　　　・SDGs 9 の目標について、自分の考えや、できることを書くことができる。

4 授業展開

過　　程	教師の主発問・指示	・留意点　＊解説
導　入	1　世界の電気事情について考えさせる。 　屋根の上には何がありますか。 ・ソーラーパネル	・資料配付する。 ＊ソーラーパネルは太陽光で発電を行うパネルのこと。 ＊ソーラーパネルの色は、太陽光を吸収しやすい黒や青、濃紺などが多い。
展　開	2　ソーラーパネルに色を塗らせる。 　　建物が何かを考えさせる。 ・学校　・病院　・幼稚園 3　イラストを見て分かったこと、気付いたこと、思ったことを書かせる。 ・ボツワナはどこにあるのだろう。 ・子どもたちが楽しそう。 ・ソーラーパネルがあるからお金持ち。 4　電気について、生活と結びつけ考えさせる。 ・明かりがつき、部屋が明るくなる。 ・電化製品が使え、生活が快適になる。 ・パソコン等が使え、情報が入るようになる。	・子供たちがいることから、小学校や幼稚園などをとらえさせる。 ＊ボツワナは、アフリカの内陸部に位置する。最近は経済の発展が著しい。 ＊発電所がない所では、電気が通っておらず、自然エネルギーの活用が期待される。ソーラーパネルは電線がそれほど要らずに設置できる利点がある。 ＊電気のない暮らしをしている人は世界で 16 億人いる。電気を使って、インターネットと接続し、情報を得ることもできる。
まとめ	5　SDGs 目標 9「産業と技術革新の基盤をつくろう」について、自分の考えや、できることを書かせる。	・評価基準に照らし、理解度を確認する。

SDGs 9　産業と技術革新の基盤をつくろう

[授業学年・人数／知的障害特別支援学級3年3名・6年3名]

1. SDGs の学習について

　児童は、「4 質の高い教育をみんなに」の学習で SDGs の基本を知った。17 の目標のうち、自分達と関わりがあるものに手をあげた。子どもたちは 17 の目標の中の多くの部分と関わりをもっていることに気付くことができた。

2. ワークシートを使っての授業報告

　ワークシートでは、電気の大切さ、重要性を理解することができた。今年度は台風の影響によって、停電を経験している児童がいたため、電気がないことによる不便さを他の児童に伝えるよい機会となった。

　設問②の「ソーラーパネルと建物に色をぬりましょう」では、ぬることによってソーラーパネルに注目できた。この建物が学校であることを伝え、ソーラーパネルができる前には、この学校には電気が通っていなかったことに児童は驚いていた。

3. 児童の主な意見

・ソーラーパネルがあるから、豊かな国だと思った。電気があることはよいことだ。

・電気が大切なことが分かった。電気がないとほとんどのことができません。テレビを見ることや料理をすることや夜に勉強することができず、とっても困ります。

・この学校は、ソーラーパネルがないと色々なことができない。ソーラーパネルのおかげで、電気がついていると思います。

・電気がある時とない時では、生活が大きくちがいます。ソーラーパネルは太陽の力で電気ができます。電気のない国にたくさん設置してあげて欲しい。

【ワークシート記入例】

10 人や国の不平等をなくそう

1 教 材 名：SDGs 10　人や国の不平等をなくそう

2 目　　　標：世界に存在する不平等について考える。

3 評価基準：・世界に様々な不平等があることを知る。

　　　　　　　・SDGs 10 の目標について、自分の考えや、できることを書くことができる。

4 授業展開

過　程	教師の主発問・指示	・留意点　＊解説
導　入	1　世界にあるいろいろな不平等について考えさせる。 （1）〜（4）までの不平等を読み、□に言葉を入れましょう。 （貧しい人・女性） ・それぞれについての不平等について考える。	ワークシートを配付する。 ＊先進国・・経済や開発が発展し、生活水準も高い国 　開発途上国・・経済成長の途上にある国 ＊2017 年の調査では、世界の中の 8 人のお金持ちの資産は 36 億人の持っている資産に匹敵すると報告されている。
展　開	2　絵に色をぬり、どの不平等の絵か考えさせる。 ・豊かな人と貧しい人 ・健常者と障がいがある人 3　不平等について考えさせる。 不平等をなくすために世界の国々が話し合って決めたことがあります。ヒントの中の言葉を当てはめましょう。 （収入・きまりや政策）	＊日本でも男女のお給料に違いがあった。 ・政策とは国が取り組んでいる政治的な手段 ・相談をしてから書かせるなど学級の実態に応じて段階を踏んでも良い。
まとめ	4　SDGs 10 の目標「人や国の不平等をなくそう」について、自分の考えや、できることを書かせる。 ・キーワードを参考にして考えさせる。 ・なぜ、大きな不平等ができてしまうのか。	

SDGs 10　人や国の不平等をなくそう

［授業学年・人数／ 5 年・22 名］

1．SDG の学習について

　児童は SDGs について、今回のワークシートを使った授業で初めて学習をした。

　世界という大きなスケールで起きている不平等についてとらえることが難しかった。日本国内でも多くの不平等があることを知り、驚いていた。

　「不平等」という言葉、意味はなんとなく知っているが実際にどんなことが不平等なのか、具体的な例をもとに学習をすることができてよかった。

2．ワークシートを使っての授業報告

　導入で、「不平等」に関する、対義語を探させる学習をした。豊かな人と貧しい人の対義語については不平等だということを子供たちはすぐに理解した。男性と女性については児童から「なぜ男性と女性は不平等なのか」という声が上がった。世界では様々な場面で女性にだけ制約がかかることがあることなどの説明を加えた。

　貧しい人たちに「収入を増やすためにはどうすればいいか」「不利な人を守るためのきまりや政策はどのようなものがあるかについては、補足説明した。

　最後にキーワードに注目させ、考えを書かせた。

3．児童の主な意見

・不平等について勉強したので、まずは、自分のクラスで不平等なことが起きないようにしたいです。

・世界で起きている不平等なことをもっと調べたくなりました。

・日本についても、どんな不平等があるのか、調べたいと思いました。

・めぐまれた先進国の中でも不平等なことはあるのかなと思いました。

【ワークシート記入例】

11 住み続けられるまちづくりを

1 教 材 名：SDGs 11　住み続けられるまちづくりを

2 目　　標：住み続けられるまちついて考えることができる。

3 評価基準：・都市の人口が増えていることを知る。

　　　　　　　・SDGs 11 の目標について、自分の考えや、できることを書くことができる。

4 授業展開

過　程	教師の主発問・指示	・留意点　＊解説
導　入	1　都市の人口が増えていることについて考えさせる。 ・世界の人口の半分以上が、都市に住んでいることを伝える。 ・都市といなか、どちらに住みたいか考えさせる。 　都市といなか、住みたいほうに色をぬりましょう。	・ワークシートを配付する。 ＊現在、都市に暮らす人は、世界の人口の半分以上で、2050 年には 68％になる予想があることを伝える。
展　開	2　住みたい理由を発表させる。 都市　・交通が便利。 　　　・病院など、困った時にも助けてくれる施設が多い。 いなか　・空気がきれいで、病気になりにくい。 　　　　・土地が広いので、住む家も広々している。 3　都市に暮らしたい人が増えているわけを考えさせる。 4　都市に住む人が集中すると、どんな問題が起きるか考えさせる。 ・交通渋滞が起きる。 ・土地や家の価格が上がる。 ・ゴミが増えて、衛生状態が悪くなる。	・たくさんの意見を出させる。 ・まちの観点がたくさん出るよう助言する。 　（衣食住についてなど） 例）便利だから ・車の排気ガスで空気が汚れる。大量のゴミが出る。犯罪が増える。 ・半分以上が都市に暮らしている。自然災害に強く、自然と共存できる都市を目指していく必要があることを補足する。
まとめ	5　SDGs 11「住み続けられるまちづくり」の目標について、自分の考えや、できることを書かせる。 ・災害の多い日本の都市はどうしたらいいか。 ・それぞれのまちが工夫することは何か。 ・住んでいるまちの魅力を見付ける。	

SDGs 11　住み続けられるまちづくりを

[授業学年・人数／ 3 年・33 名]

1.　SDGs の学習について

　「SDGs とは何か」「目標 16　平和と公正をすべての人に」の学習の後に行った。子どもたちは、自分たちが当たり前だと思っていることが、当たり前ではないということに気付きはじめてきた。都市が抱える人口問題について小学 3 年生ながらに、捉えることができていた。交通が増えるので事故が増えるのではないか、田舎にもお店を増やしてみてはいいのではないかという意見も出た。

2.　ワークシートを使っての授業報告

　9 割の児童が都市に色を塗っていた。都市に住みたい理由としては、「安心・お店がある・便利・セキュリティーが安全である。」などの理由が多かった。

　「都市に人が増えるとどんな問題が起きますか？」と聞くと、交通事故や住めなくなる人が出てくるなどの意見が出た。「大きなマンションをたくさん建ててすべての人が住めるようにしたい」「お店を多く作り田舎を都市にしたらいい」などのアイディアが出た。環境問題への繋がりを考えるまでは発展できなかったが、都市問題について考えることができた。

3.　児童の主な意見

・大きなマンションを建てて、たくさんの人が住めるまちづくりをしてほしい。

・いなかのまちに、お店をたくさん建てて都市にする。

・世界の半分の人が都市にすんでいることがわかった。

・都市に人が増えると交通事故が起きそう。いなかにも人は住んでほしい。

・都市のよいところといなかのよいところをあわせたまちづくりがいい。

・都市もいなかも地しんにつよいまちにしてほしい。雨にもまけないで、こう水にならないまちになれば安心してくらせる。

【ワークシート記入例】

12 つくる責任つかう責任

1 教 材 名：SDGs 12　つくる責任つかう責任

2 目　　標：たくさんの資源を使って、ものを作り、それをたくさん消費していることに気付く。

3 評価基準：・地球には、海や森などからの資源があり、人間はそれを使っていることが分かる。
　　　　　　・SDGs 12 の目標について、自分ができることや、考えを書くことができる。

4 授業展開

過　程	教師の主発問・指示	・留意点　＊解説
導　入	1　様々なエコラベルがあることを示す。 　4つのエコラベルは、水産資源、森林資源のどちらに関わるでしょうか。 　・エコラベルについての説明を読む。	・ワークシートを配付する。 ・エコラベルについて調べる機会があるとよい。 ＊エコラベルはドイツで始められた地球保全に役立つ商品に付けられたもの。日本ではエコマークと呼ばれることが多い。
展　開	2　自分の行動と食品ロスの関わりを考えさせる。 　経験したことがあれば○を付けなさい。 そのほかの食品ロスの経験を発表させる。 ・野菜などで食べられるところも捨てている。 ・賞味期限を過ぎて捨ててしまう。 3　「食品ロス」をなぞらせる。 4　3R を確認させる。 ・ヒントを一緒に読む。 ・リサイクル等、分かったところから線を引かせる。 ・3R について答え合わせをした後、覚えさせる。	＊日本には、「もったいない」という言葉があることに気付かせる。 ・多くの意見を出させ、共有する。 ＊3R ごみをへらすこと　　リデュース 何回もつかうこと　　リユース 資源にもどすこと　　リサイクル
まとめ	5　SDGs 12「つくる責任つかう責任」の目標について、自分の考えや、できることを書かせる。 ・ものを大事にする。 ・買ったものは、最後まで使いきる。 ・無駄なものをつくらない。	・身の回りに目を向け、様々な意見を引き出す。 ・つくる責任、つかう責任のそれぞれの立場に立ってディスカッションする。

SDGs 12　つくる責任つかう責任

[授業学年・人数／中3年・33名]

1．SDGs の学習について

　SDGs については中学3年社会（公民的分野）の学習内容に「持続可能な開発」に学ぶページがある。「食品ロス」は今後社会科のなかで触れていくことができる。地理的分野では「資源の枯渇」についてもふれている。家庭科では、エコラベルや 3R などを扱っており、知識として知っていることが多い。今回の「12 つくる責任つかう責任」の学習についても、関連した知識をもっていたので意欲的に取り組むことができていた。

2．ワークシートを使っての授業報告

　子どもたちは、エコラベルのデザインから、水産資源に関わるのか、森林資源に関わるのかを楽しく選ぶことができた。また、「経験したことがあれば〇を付けましょう」の項目では、自分の日々の行動が食品ロスにつながっていることを知ることができた。また家庭科でも学習していた 3R が出題されたので、復習のつもりで意欲的に取り組むことができた。

　授業の感想欄にも、これからの行動を改めようとする意見が数多く書かれていた。

3．生徒の主な意見

・3R をしっかり思い出して、食品ロス
　しないように努力する。

・つくったら責任をもってつかう。

・ものをつくったり、買ったりしたら、
　責任をもって使い切る。

・必要な分だけつくって使う。

・好き嫌いをやめる。

・自分の着られなくなった服を小さい
　子にあげたり、シャンプーなどはつ
　めかえ用のものを買ったりする。

・購入する場合は必要な分を買い、長
　持ちさせられるように大切に使う。

【ワークシート記入例】

13 気候変動に具体的な対策を

1 教 材 名：SDGs 13　気候変動に具体的な対策を
2 目　　　標：世界の気候変動に関心をもつ。
3 評価基準：・地球温暖化について理解する。
　　　　　　　　・SDGs 13 の目標について、自分ができることや、考えを書くことができる。

4 授業展開

過　程	教師の主発問・指示	・留意点　　＊解説
導　入	1　地球温暖化について考えさせる。 　地球の気温が上がってきていることを何と言いますか。 ・地球温暖化をなぞらせる。	＊地球温暖化は、二酸化炭素などの温室効果ガスによって、地球が温まり、気温が上がってしまうこと
展　開	2　原因について考えさせる。 ・二酸化炭素が原因であることを伝え、なぞらせ、温室効果について説明する。 ・地球に色を塗らせる。	＊経済活動が盛んになると二酸化炭素を多く出し、それが上昇して、「温室効果ガス」になってしまう。 ・地球が温暖化で、暑がる様子が表現できるとよい。
	3　地球温暖化が原因で「海面上昇」が起こることを説明する。ワークシートに書かせる。 （1）ツバル （2）ホッキョクグマ	＊気候変動は、地球温暖化とその影響のこと。 ＊ツバルは温暖な気候で、人口は一万人ほど。太平洋のほぼ中央に位置する。
	4　地球温暖化の対策について説明する。 ・パリ協定について、一緒に読む。 ・パリ協定に加盟した世界の国々が「地球温暖化」への対策をすることは歴史上はじめてである。	＊パリ協定では、世界の平均気温上昇を産業革命以前に比べて2℃より十分低く保ち、1.5℃に抑える努力をることを決めた。
まとめ	5　SDGs 13「気候変動に具体的な対策を」の目標について、自分の考えや、できることを書かせる。 ・二酸化炭素を出さないことに関係する意見として、省エネ、冷房や暖房の温度調節など	・二酸化炭素を出すことについて、身近なものに関心をもたせたい。

SDGs 13 気候の変動に具体的な対策を

[授業学年・人数／ 6 年・37 名]

1. SDGs の学習について

気候変動は子どもたちにも関心度が高く、考えやすいテーマであった。社会科や理科で地球温暖化について学習するが、それを深く追究して世界の気候変動について学ぶ機会はこれまでなかった。「地球温暖化」や「海面上昇」といったキーワードはこれから押さえておかなければならないテーマである。

2. ワークシートを使っての授業報告

地球温暖化という言葉を知っている子はたくさんいたが、具体的な変化について知っている子は半数に満たなかった。ワークシートはどの子も参加できる活動（「なぞる」や「色ぬり」）で、いつもは授業開始でつまずいてしまう男子児童も付いてくることができた。海面上昇によって「ツバル」という国が沈んでしまう危機にあること、ホッキョクグマが絶滅してしまう恐れがあることを伝えると児童は驚いていた。また、海面上昇が進むと日本で最初に沈んでしまう県が千葉県であることを知っている児童がいた。そのことも伝えると危機感をもつようになった。

「パリ協定」の前に、現在の地球の平均気温とこれまでにどれだけそれが上昇してきたかを伝えないと、児童にはイメージがしづらいと感じた。全国地球温暖化防止活動推進センターの資料を参考に提示した。

3. 児童の主な意見

・電化製品をなるべく使わない。

・ハイブリッド車を使う。

・少ししたことで、ものを捨てずに、大切にものを使うこと。

・パリ協定で、地球温暖化の進行を遅らせるように努力しているので、私もなるべく電車を使い、家の周りには植物を置くようにしたいと思います。

【ワークシート記入例】

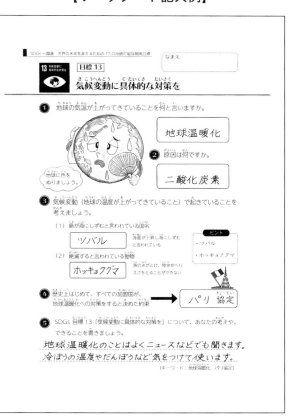

14 海の豊かさを守ろう

1 教 材 名：SDGs 14　海の豊かさを守ろう

2 目　　　標：海の汚れについて考え、海の資源を守ることの大切さに気付く。

3 評価基準：・海の汚れについて考えることができる。

　　　　　　　・海の資源とは何か分かり、大切にする気持ちをもつことができる

4 授業展開

過　程	教師の主発問・指示	・留意点　＊解説
導　入	1　海の汚れについて考えさせる。 　砂浜に、打ち上げられたゴミに色をぬりましょう。 ・砂浜のゴミに色を塗らせる。 ・絵を見て、どんなゴミがあるか見付ける。 　ペットボトル、レジ袋、ストロー、 　カップ麺の入れもの、ビーチサンダル　など 　海が汚れると困ることを書きましょう。 ・泳ぐ時きれいでないと困る ・魚がゴミを食べて、その魚を人間が食べるので、人間の健康も心配。 2　海の資源について考えさせる。 　海の資源にはどんなものがありますか。 　魚、貝、海そう、塩、サンゴ、石油 ・海の資源であるマグロやウナギが絶滅の危機なのはなぜか考えさせる。 　魚のとりすぎ	＊プラスチックのゴミは、日本のリサイクルは進んでいるが、世界的には約1割である。 ＊海のプラスチックゴミは、海の中で小さな破片となって魚などに食べられる。クジラのおなかから大量のプラスチックゴミが出てきたというニュースもある。 ＊世界的な健康ブームで魚を食べる人が増えて、魚のとりすぎになっている。 ＊漁法の技術の進歩もあり、魚が大量にとられている。
展　開		
まとめ	3　SDGs 14「海の豊かさを守ろう」の目標について、自分の考えや、できることを書かせる。 ・ゴミを拾う ・ポイ捨てをしない ・ゴミ拾いの大切さを広める ・エコバックを使う	・目標12の「エコラベル」などと関連付けるとよい。

SDGs 14　海の豊かさを守ろう

［授業学年・人数／5年・22名］

1．SDGsの学習について

　海の豊かさについて、学級の子どもたちは関心がある子が多かった。

　東京湾に汚水が流れていることや、オリンピックの種目で開催できないものがあるということなどを話していた。宿泊学習で海に行った際に多くのゴミが落ちていたことに気が付いていた児童もいた。世界の様々な場所で同じような問題が起きていることを話した上で、授業に入った。

2．ワークシートを使っての授業報告

　ワークシートのタイトルを一緒に読み、その後も、一問ずつ問題文を読み、課題に取り組ませた。色塗りは3分の時間制限をつけて行った。海の環境汚染について、子供達は海洋プラスチックの問題や、川から流れ出す汚れた水が海に流れ込むことなどの知識をもっている児童が多かった。地球に広がる海は、日本だけの問題ではなく、世界の国々も取り組まなければならない課題であることを確認した。

3．児童の主な意見

・魚が食べられなくなってしまう。

・海で遊べなくなるのでこまる。

・海の水が蒸発して雨になると学習した。雨もきたなくなりそうだ。

・海の生物が絶滅してしまうか心配だ。

・自分の身近なところから海のゴミを拾いたい。

・海の現状を調べて新聞などで発信したい。

・海に遊びにいった時には、少しでもゴミを拾って帰りたい。

・海のよごれについては、ニュースなどで知っていたけど、みんなの海だから、みんなで守ることが大切だと思う。

【ワークシート記入例】

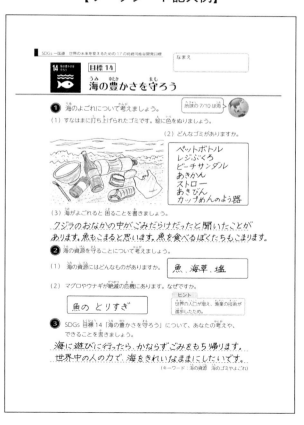

15 陸の豊かさも守ろう

1 教 材 名：SDGs 15　陸の豊かさも守ろう

2 目　　　標：豊かな森を守ることの大切さが分かる。

3 評価基準：・森林が減ってきていることが分かる。
　　　　　　　・SDGs 目標 15 について、自分の考えや、できることを書かせる。

4 授業展開

過　程	教師の主発問・指示	・留意点　＊解説
導　入	1　地図帳で森林を探し、その減少について知らせる。 ・森林は世界の陸地の 4 分の 1 あると言われている。 ・森が減っている原因は何か、予想させる。 ・ワークシートを配り、うすい字をなぞらせる。 　砂漠化・酸性雨・伐採・都市化	・地図帳で世界の森林を見付けさせる。 ＊1 年間で約 521 万ヘクタール、1 分間で東京ドーム 2 個分の森林がなくなっている。
展　開	2　豊かな森を守ることについて考えさせる。 ・レッドリストについてなぞった後、読ませる。 ・レッドリストにのっている動物を確認させる。 ・生物多様性についてふれる。 ・アフリカでライオンが絶滅してしまったらどのようなことが起きるか考えさせる。 　（生態系が崩れ、さらに絶滅する動物が増える） 　補足参考資料 　　・倫理的消費（エシカル消費） 　　・「ゾウの森とポテトチップス」の読み聞かせ 　　・RSPO（持続可能なパーム油のための円卓会議）。	＊砂漠とは、植物が育ちにくく、農業に適さない土地 ＊酸性雨とは、大気汚染のため降る酸性の雨のこと ＊伐採とは、木を根元から切る作業 ＊6 年生理科の学習を想起させる。一つの種が絶滅すると、生物多様性に重大な問題が及ぶことを確認する。 ・補足資料については、必要に応じて示す。
まとめ	3　SDGs 目標 15「陸の豊かさも守ろう」について、自分の考えや、できることを書かせる。 ・気候変動と森林の減少が深く関わっている。 ・レッドリストの数が大変多い。	・山を守ることなどの大切さについてもふれる。

SDGs 15　陸の豊かさも守ろう

[授業学年・人数／6年・24名]

1. SDGs の学習について

　国語の「意見文を書こう」という単元で取り組んだ。SDGs のワークシートを使い、目標15を理解することから意見文へと展開した。SDGs「陸の豊かさも守ろう」については、大変関心が高かった。世界の現状を知り、日本の課題も見付け、「自分たちはそのためにどう行動していきたいか」という視点から意見文を書くことができていた。

2. ワークシートを使っての授業報告

　森林減少の原因について考えさせると多様な意見が出され、ワークシートに書いてあることはほとんど出された。子どもたちはたくさんの動物がレッドリストに登録されていることを知っていて、様々な動物の例が出された。アフリカでライオンを頂点とする食物連鎖のピラミッドを示した。ライオンが絶滅してしまったら、バランスが崩れて他の動物や植物もなくなってしまうことを復習できた。里山を守ることの大切さや倫理的消費（エシカル消費）についてもふれ、生物多様性の学習を展開させた。SDGs の学習を通して、もっと調べたいという意欲が出てきた。

3. 児童の主な意見

・エシカル消費をしていきたいです。

・レッドリストの多さに驚きました。

・道徳で勉強した里山について興味があります。さらに調べたいと思います。

・人間のせいで動物が絶滅してしまうと、地球の生物、全体にえいきょうが出るので、重要な問題だと思いました。

・山、川、森、海の自然を大切にし、私たちにできることを調べていきたいです。

・人間の豊かなくらしと自然がなくなることの関係が深いことが分かりました。

【ワークシート記入例】

16 平和と公正をすべての人に

1 教 材 名：SDGs 16　平和と公正をすべての人に

2 目　　　標：世界には戦争をしている国があることを知り、平和の大切さに気付く。

3 評価基準：・戦争や難民の現状を知り、平和の大切さに気付くことができる。
　　　　　　　・SDGs 16 の目標について、自分の考えや、できることを書くことができる。

4 授業展開

過　程	教師の主発問・指示	・留意点　＊解説
導　入	1　平和について考えさせる。 ・どんな時に「平和だ」と感じますか。 　平和の意味を考え、言葉をなぞりましょう。	・ワークシートを配付する。 ・日常の中の「平和」を見付ける。（お風呂に入れる。安心して眠れる。友達と遊べる。など）
展　開	・「平和」の意味を考えさせる。 　戦争や紛争がなくおだやかなこと 　心配やもめごとがなくおだやかなこと 2　難民キャンプについて、説明する。 ・一緒に読む。 　紛争などで住む場所がなくなった人が集まり暮らすところを難民キャンプと言います。 ・色を塗る。 3　難民の人たちの生活について考えさせる。 ・安心して暮らせる場所 ・食べ物や水など毎日に必要なもの ・勉強道具　本やノート 4　戸籍について説明する。 ・うすい字をなぞり、戸籍について理解させる。 ・国々は、すべての子どもたちに戸籍を与えることを決めました。戸籍とは氏名や生年月日、生まれた場所のことです。	＊世界の難民の数は、6850 万人（2017年）難民キャンプは場所により違うが、安全や住む場所を確保し、水や食糧などが届けられている。 ・イメージできなければ、難民キャンプを調べさせて塗るのがよい。 ・難民の中には、服や食べ物などの物質的なものだけでなく、家族や安心などの精神的なものを失う子もいることを考えさせたい。 ＊日本では赤ちゃんが生まれると出生届書を出す。日本人としての戸籍が得られる。学校へも通える。
まとめ	5　SDGs 目標 16「平和と公正をすべての人に」について、自分の考えや、できることを書かせる。 ・世界のことを知ることから始めることが大切である。この勉強もその一つ。	・難しいテーマなので、授業で分かったことなどの記述でよい。

SDGs 16　平和と公正をすべての人に

[授業学年・人数／ 3 年・33 名]

1. SDGs の学習について

　SDGs については 17 のゴール、169 のターゲットについては導入として授業した。全員SDGs については知らなかったが、興味をもつ子が多かった。「誰一人取り残さない」を目標に世界の国々が一丸となって取り組んでいることも学習した。

　SDGs の具体的な目標を知りたいという子どもたちの要望があり、今回は具体的な一事例として実施した。

2. ワークシートを使っての授業報告

　この目標は、日本の子供達には実体験としてはかけ離れているため、「平和だと感じる時はどんな時ですか？」と発問した。国語科「ちいちゃんのかげおくり」で、戦争の悲惨さや悲しさ、平和とは何かということを以前討論した。戦争が現在も起きていること、難民が世界中にいることなどは初めて聞いたようで、真剣にワークシートに取り組んでいた。

3. 児童の主な意見

・自分たちにあるものが、難民の人たちにはなくて生活が大変だと思いました。

・難民の人には、洋服や家などが必要です。お金も必要だと思いました。平和や安心などの精神的なものも必要です。

・ポスターを書くなどして、一人でも多くの国に知らせて、皆で協力をしたい。

・手紙を送り、がんばっている難民の人たちを応援したい。

・戦争がおきないように願う。

・じぶんたちが勉強をがんばって、勉強できることに感謝します。

【ワークシート記入例】

17 パートナーシップで 目標を達成しよう

17 パートナーシップで 目標を達成しよう

1 教 材 名：SDGs 17　パートナーシップで目標を達成しよう

2 目　　　標：世界のパートナーシップのつながりを知る。

3 評価基準：・SDGs を通して、世界の国々が協力していることを知る。
　　　　　　　・SDGs 17 の目標について、自分の考えや、できることを書くことができる。

4 授業展開

過　程	教師の主発問・指示	・留意点　＊解説
導　入	1　パートナーシップについて知らせる。 ・協力関係のこと。	・ワークシートを配付する。
展　開	2　世界の国々が決めたことについて知らせる。 ・キーワードをおさえながら、言葉をなぞらせる。 (1) 2030 年までに、すべての国が目標を達成できるように助け合う。 (2) 先進国は、開発途上国（経済や開発が遅れている国）を支援する。 (3) それぞれの国の政策に SDGs を取り入れる。 (4) SDGs の達成のために国々はしっかりデータや統計をとる。 3　世界の子供達の特徴を見付けさせる。 世界の子供たちの特徴を生かして、丁寧に色を塗りましょう。 ・肌の色・髪の色・衣装などに注目する。	＊ 17 の目標のパートナーシップは、国と国だけでなく、企業・研究者・地域・学校など様々な協力関係が必要。 ・テキストのうすい字をなぞらせることで、「2030 年」「開発途上国」「SDGs」「データや統計」というキーワードをおさえる。 ・目標の数とターゲットの数を確認する。 ＊開発途上国は、発展途上国とも言う。 ・「なぜこの作業があるのか？」を考えさせ、肌の色や文化に関係なく、世界の人々が手を取り合う大切さを伝えるという展開も可能である。
まとめ	4　SDGs 目標 17「パートナーシップで目標を達成しよう」について、自分の考えや、できることを書かせる。 ・いろいろな国の人と会ってみたい。 ・開発途上国への募金や寄付があることに気付く。	・募金や寄付も大事だが、SDGs のような世界の取り組みがあることを知っていることが大切であることをおさえる。

SDGs 17　パートナーシップで目標を達成しよう

［授業学年・人数／ 5 年・38 名］

1.　SDGs の学習について

　SDGs 「2 飢餓をゼロに」の学習の後に、授業をした。飢餓についての学習は、支援のあり方について考えることができた子供達だった。パートナーシップについては、抽象度が高く難しかったようだ。SDGs をすべての国の、すべての人々が達成していくためには、このパートナーシップという考え方が欠かせない。ワークシートはしめくくりとして効果的だった。

2.　ワークシートを使っての授業報告

　ワークシートの 4 つのセンテンスについて、授業では、「(1) 2030 年までに、すべての国が目標を達成できるように助け合う。」2030 年という数字については、知っている児童がいた。「(2) 先進国は、開発途上国（経済や開発が遅れた国）を支援する。」ことについては、子供達は受け入れやすいようだった。「(3) それぞれの国の政策に SDGs を取り入れる。」「(4) SDGs の達成のために国々はしっかりデータや統計をとる。」この二つについては、なぞる作業が有効だった。世界の子ども達の色を塗らせる作業の際には、世界の人々が肌の色や文化に関係なく、手を取り合う大切さを、子ども達は捉えていた。

3.　児童の主な意見

・いろんな国の人と一度会ってみて、自分の国の文化を教え合ったりすることが大事だと思います。

・開発途上国に募金をしたり、物を寄付したりすることで、協力できることもあると考えます。

・どの国も、それぞれの国の文化や肌の色など関係なく、協力できるようにしていきたいです。

・肌の色や人種に関係なく、手を取り合って行動していくことが世界中で求められていることが分かりました。

【ワークシート記入例】

おわりに

TOSS代表 日本教育技術学会会長 向山 洋一

　国連が定めた開発目標を世界中で推進するSDGsについては、学校教育の中でも取り組むべき今日的な課題です。

　世界中の人々が幸せになるための大きな取り組みが、世界中の人々の努力で進められていることを伝えています。

　最近少しずつ「SDGs」について、言われるようになりました。教育の場では、「SDGsとはなにか」を知るところから授業をはじめて頂きたいと思います。

　学校で授業するためには、具体的な教材が必要です。本書は、「ワークシートという形での教材」を作りました。教師がコピーし、児童・生徒に配付すれば、すぐ授業ができます。

　学習の導入のために「SDGsとは」のワークシートとSDGs 17の目標ごとに1枚ずつのワークシート、合わせて19枚あります。

　道徳の時間、社会の時間、総合の時間、目標と関わる授業の中で、必要に合わせ、取り組んでいただければと思います。

　対象児童、生徒さんにもよりますが、一つのワークシートは15分から20分程度、一時間授業で2枚程度取り組めます。このワークシートの学習を手掛かりに、さらに深く調べたいことが出てくることでしょう。

　私は、よく「どの子も大切にされなければならない。一人の例外もなく」という言葉を言います。まさにSDGsが掲げている「誰一人取り残さない── No one will be left behind」と同じです。

　ケニアに楽器の修業に行き、世界を見てきた娘アニャンゴ（ケニアでもらった名前）こと恵理子が、日本に生まれたことの幸せについて話してくれたことがあります。世界の開発途上の国の人々はまだ恵まれない人々が多くいると耳にします。

　子供たちはこれから世界を自由に行き来する時代の中で、多くの情報を得ることでしょう。そうした中で、日本について考える機会も増えていくことでしょう。

　本書が、子供たちにとって、世界に目を向けるためのきっかけになれば幸いです。

【監修者紹介】

向山　洋一（むこうやま　よういち）

東京都出身。東京学芸大学社会科卒業。東京都大田区の公立小学校教師となる。日本教育技術学会会長。NHK「クイズ面白ゼミナール」教科書問題作成委員、千葉大学非常勤講師、上海師範大学客員教授などの経歴をもつ。退職後は、TOSS（Teacher's Organization of Skill Sharing）の運営に力を注いでいる。モンスターペアレント、黄金の3日間、チャレンジランキング、ジュニアボランティア教育など、教育にかかわる用語を多く考案・提唱している。著書多数。

【企　　画】	経済広報センター　佐桑　徹		
【執筆協力】	平山　靖	守屋遼太郎	水本和希	穐本康広
	小林正快	小島庸平	篠崎栄太	岡田健太郎
	村上　諒	並木友寛	師尾勇生	富田大介
	師尾喜代子			
【イラスト】	小林俊也			
【校正協力】	板倉弘幸			
【デザイン】	師尾有紀江			

―キーワードで教える―

SDGs

〈別冊ワークシート付〉

2020 年 1 月 6 日　初版発刊
2020 年 9 月 10 日　2 刷発刊

　　　監 修 者　　向山　洋一
　　　発 行 者　　師尾喜代子
　　　発 行 所　　株式会社　騒人社
　　　　　　　　　〒142-0064　東京都品川区旗の台 2-4-11
　　　　　　　　　TEL　03-5751-7662　　FAX　03-5751-7663
　　　　　　　　　会社 HP　http://soujin-sha.com/
　　　印 刷 所　　株式会社　双文社印刷

第 4 章

SDGs
キーワードで教えるワークシート

第 **4** 章

SDGs—キーワードで教える
ワークシートの使い方と授業

1 使いたいページを選び、B5からA4に拡大コピーする

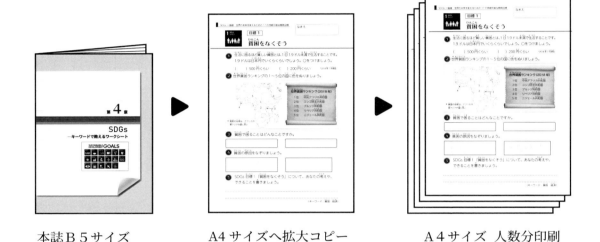

本誌B5サイズ　　　　　A4サイズへ拡大コピー　　　　　A4サイズ　人数分印刷

2 本誌の指導案を見て授業をする

指導案

3 答えの確認は実践報告を参考にする

実践報告

ワークシートの目次

なまえ

SDGs について知ろう

① SDGs (エスディージーズ) に色をつけましょう。

SUSTAINABLE DEVELOPMENT GOALS

② SDGs (エスディージーズ) をなぞり、覚えましょう。

(サスティナブル)

SUSTAINABLE　持続可能な (ずっと同じように続けていくこと)

(ディベロプメント)

DEVELOPMENT　開発 (新しいものを作り出すこと)

(ゴールズ)

GOALS　目標 (目指すもの)

③ SDGs が目指していることをなぞりましょう。

(ノー ワン レフト ビハインド)

No one left behind.　地球上の誰一人として取り残さない

④ キーワードの 5 つの P をなぞり、合う意味の言葉と線でつなぎましょう。

1. People 　(ピープル)　●　　　　　　● 豊かさ

2. Prosperity 　(プロスペリティ)　●　　　　　● 人間

3. Planet 　(プラネット)　●　　　　　　● 平和

4. Peace 　(ピース) ●　　　　　　● 地球

5. Partnership 　(パートナーシップ)　●　　　● 協力関係

なまえ

SDGsの17の目標を覚えよう

① ロゴにある目標を探して線で結びましょう。

貧困をなくそう

飢餓をゼロに

すべての人に健康と福祉を

質の高い教育をみんなに

ジェンダー平等を実現しよう

安全な水とトイレを世界中に

エネルギーをみんなに そしてクリーンに

働きがいも経済成長も

産業と技術革新の基盤をつくろう

人や国の不平等をなくそう

住み続けられるまちづくりを

つくる責任 つかう責任

気候変動に具体的な対策を

海の豊かさを守ろう

陸の豊かさも守ろう

平和と公正をすべての人に

パートナーシップで目標を達成しよう

なまえ

1 貧困を
なくそう

目標 1

ひんこん
貧困をなくそう

① 生活に困るほど貧しい貧困とは、1 日 1.9 ドル未満で生活することです。
1.9 ドルは日本円でいくらくらいでしょう。〇をつけましょう。

（　　　）500 円くらい　　　　（　　　）200 円くらい　　*2018 年 7 月現在

② 世界貧困ランキングの 1 〜 5 位の国に色をぬりましょう。

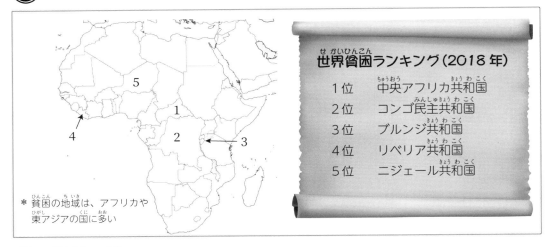

世界貧困ランキング（2018 年）

1 位　　中央アフリカ共和国
2 位　　コンゴ民主共和国
3 位　　ブルンジ共和国
4 位　　リベリア共和国
5 位　　ニジェール共和国

＊ 貧困の地域は、アフリカや
東アジアの国に多い

③ 貧困で困ることはどんなことですか。

④ 貧困の原因をなぞりましょう。

こう水や干ばつなど のさいがい	国のかんきょうや けいざい

⑤ SDGs 目標 1 「貧困をなくそう」について、あなたの考えや、
できることを書きましょう。

- -

- -

（キーワード：貧困・経済）

なまえ

2 飢餓をゼロに

目標2

飢餓（きが）をゼロに

① 飢餓（きが）とは何（なん）ですか？ キーワードをなぞり、意味（いみ）を確認（かくにん）しましょう。

飢餓（きが）とは、長期間（ちょうきかん）にわたり 食（た）べられず  ~~栄養不足~~ となり、
生存（せいぞん）と生活（せいかつ）が困難（こんなん）になっている状態（じょうたい）。

② 世界（せかい）の人口（じんこう）の何人（なんにん）に一人（ひとり）が飢餓（きが）に苦（くる）しんでいるか考（かんが）えましょう。

予想（よそう）
　　　　　　人（にん） に一人（ひとり）

正解（せいかい）
　　　　　　人（にん） に一人（ひとり）

③ ハンガーマップを見（み）て考（かんが）えましょう。

白（しろ）の部分（ぶぶん）は、栄養不足（えいようぶそく）の人口（じんこう）の割合（わりあい）が 15％ 以上（いじょう）の国（くに）です。
赤色（あかいろ）でぬりましょう。

ハンガーマップとは
世界（せかい）の栄養不足（えいようぶそく）の人口（じんこう）の割合（わりあい）を 5 段階（だんかい）で色分（いろわ）けした地図（ちず）

: 5％ 未満（みまん）

: 5％ 〜 15％ 未満（みまん）

: データなし

④ マップを見（み）て気付（きづ）いたことを
書（か）きましょう。

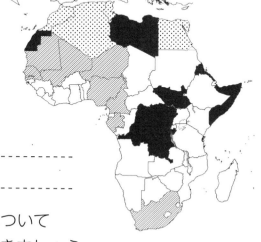

----

⑤ SDGs 目標（もくひょう）2 「飢餓（きが）をゼロに」について
あなたの考（かんが）えや、できることを書（か）きましょう。

（キーワード：飢餓（きが）・ハンガーマップ・栄養不足（えいようぶそく））

なまえ

3 すべての人に健康と福祉を

目標3

すべての人に健康と福祉を

① 世界では、5才まで生きられない赤ちゃんがたくさんいます。
なぞりましょう。

[10人] に1人が、肺炎やげりなどの [病気] で命を落としています。

② 病気には予防と治療が大切です。

感染症・・・うつる病気を書きましょう。

ヒント
冬に多くかかる　うつる病気

（　マラリア　）（　結核　）（イ　　　　　　　　）

③ 福祉とは、安全で幸せな生活ができるように、社会が助けることです。

① 健康保険証と母子健康手帳に色をぬりましょう。

② 世界から注目される日本の制度をなぞりましょう。

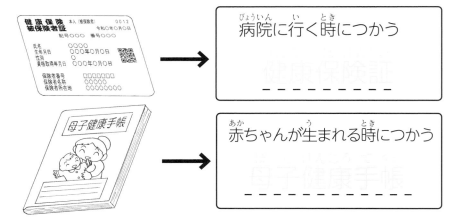

病院に行く時につかう

健康保険証

赤ちゃんが生まれる時につかう

母子健康手帳

④ SDGs 目標3「健康と福祉」について、あなたの考えや、できる
ことを書きましょう。

（キーワード：健康　福祉　感染症）

なまえ

目標4

質の高い教育をみんなに

① 一番前の机を使っている子どもに色をぬりましょう。

② 一番前の机は、何人でつかっていますか。

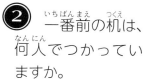

人

③ 何の勉強をしていますか。

④ イラストを見て、分かったこと、気が付いたこと、思ったことを書きましょう。

- -

- -

⑤ 文字を書いたり、読んだりできないとどんなことが困りますか。

- -

- -

字の読み書きができる人の割合を  と言います。

⑥ SDGs 目標4「質の高い教育をみんなに」について、あなたの考えや、できることを書きましょう。

- -

- -

（キーワード：教育　識字率）

9

なまえ

目標5

ジェンダー平等を実現しよう

① 男の子と女の子に色をぬり、男女の違いについて話し合いましょう。

② 男女の違いを書きましょう。

----

③ キーワードをなぞりましょう。

男女が平等に能力を
生かして生活できること　→　ジェンダーフリー

④ 17歳でノーベル平和賞を受賞したマララさんの活動を読みましょう。

子どもや女の子が教育を受ける権利を求めて国連で行った演説

> One child, one teacher, one book and one pen can change the world.
>
> Education is the only solution. Education First.
>
> 1人の子ども、1人の教師、1冊の本、そして1本のペン、それで世界を変えられます。
> 教育こそがただ一つの解決策です。教育を第一に。
>
> （終わりの部分より）

⑤ SDGs 目標5「ジェンダー平等を実現しよう」について、あなたの考えや、できることを書きましょう。

（キーワード：男女 平等　ジェンダー）

なまえ

6 安全な水とトイレを世界中に

目標6

安全な水とトイレを世界中に

① 水はどんな時に使うか書きましょう。

② 絵に色をぬりましょう。

③ 絵を見て、気が付いたことを書きましょう。

- - - - - - - - - - - - - - - - - -

- - - - - - - - - - - - - - - - - -

- - - - - - - - - - - - - - - - - -

- - - - - - - - - - - - - - - - - -

④ 子どもたちは何をしていますか。

⑤ 川の色は何色だと思いますか。

⑥ SDGs 目標6「安全な水とトイレを世界中に」について、あなたの考えや、できることを書きましょう。

- -

- -

（キーワード：安全な水　トイレ）

11

なまえ

目標7

エネルギーをみんなに そしてクリーンに

① SDGs 7 の目標（もくひょう）は、電気（でんき）がない生活（せいかつ）をどのようにしようとしていますか。
電気（でんき）がない地域（ちいき）は、どのようにくらしていますか。言葉（ことば）を書（か）きましょう。

| ま | き | や | す | み |

を使（つか）って料理（りょうり）などする。

SDGs の目標（もくひょう）

| 電 | | や | ガ | |

をみんなが 使（つか）えるようにする。

② エネルギーについて考（かんが）えましょう。

かぎりある資源（しげん）

| 石 | | 石 | | 天 | 然 | |

二酸化炭素（にさんかたんそ）がでない　| 脱 | 炭 | 素 | 化 |　を目指（めざ）す。

再生可能（さいせいかのう）エネルギー（自然（しぜん）の力（ちから）を利用（りよう）してつくるエネルギー）

	力
	力
	光
	熱
バイオマス

水力（すいりょく）
風力（ふうりょく）
バイオマス
地熱（ちねつ）
太陽光（たいようこう）

③ SDGs 目標（もくひょう）7 「エネルギーをみんなにそしてクリーンに」について、あなたの考（かんが）えや、できることを書（か）きましょう。

- -

- -

（キーワード：再生可能（さいせいかのう）エネルギー　脱炭素化（だったんそか）)

なまえ

8 働きがいも経済成長も

目標8

働きがいも経済成長も

① 人は何のために仕事をするのでしょうか。考えを書きましょう。

- -

- -

- -

② コーヒー農園で働く子の一日です。仕事をしている時間に色をぬりましょう。

起床	農園まで徒歩	水汲み朝食	コーヒー農園での仕事	昼食	コーヒー農園での仕事	家まで徒歩	夕食	就寝

5:00　　　　7:00　　8:00　　　　　　　12:00　　　　　　　　17:30　　　　20:00

③ うすい字をなぞりましょう。

世界の義務教育をうけるべき5歳から17歳までの子どもの10人に

1人が働いています。 児童労働 といいます。

ディーセント・ワーク とは、 働きがい のある

人間らしい 仕事のことです。

④ SDGs 目標8「働きがいも経済成長も」について、あなたの考えや、できることを書きましょう。

- -

- -

（キーワード：児童労働　ディーセント・ワーク　働きがい）

13

なまえ

9 産業と技術革新の基盤をつくろう

目標9

産業と技術革新の基盤をつくろう

① 屋根の上には何がありますか。——→

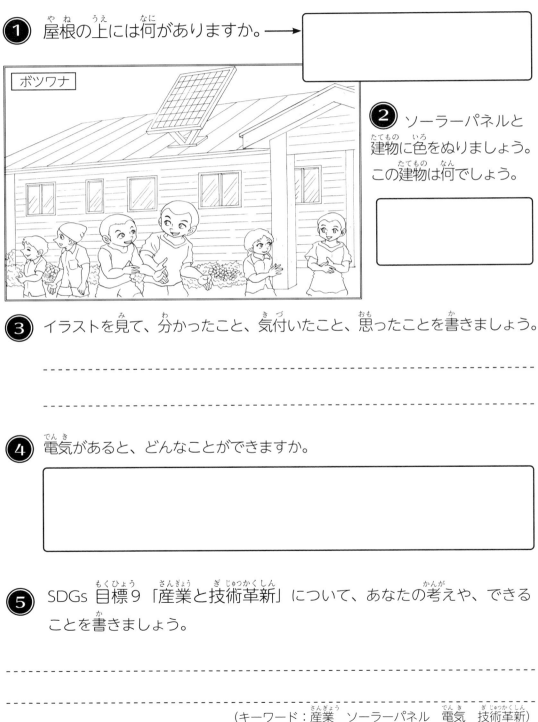

ボツワナ

② ソーラーパネルと建物に色をぬりましょう。この建物は何でしょう。

③ イラストを見て、分かったこと、気付いたこと、思ったことを書きましょう。

----

④ 電気があると、どんなことができますか。

⑤ SDGs 目標9「産業と技術革新」について、あなたの考えや、できることを書きましょう。

(キーワード：産業　ソーラーパネル　電気　技術革新)

なまえ

10 人や国の不平等をなくそう

目標10

人や国の不平等をなくそう

① 世界ではいろいろな不平等があります。□に言葉をかきましょう。

（1）先進国（文化の進んだ国）と開発途上国（経済や開発が遅れている国）

（2）豊かな人と ［　　　　　　　　］人　（3）男性と ［　　　］性

（4）健常者（日常生活に困らない人）と障がいのある人

```
★絵に色をぬりましょう。
```

（5）その他、宗教、人種、民族などの違い、移民などの不平等な問題

② 不平等をなくすために世界の国々が話し合って決めたことがあります。言葉を入れましょう。　ヒント：　収入　きまりや政策

（1）貧しい人たちの ［　　　　　　　　　　　］をふやせるようにする。

（2）不利な立場の人を守る ［　　　　　　　　　　　］を取り入れる。

③ SDGs 目標10「人や国の不平等をなくそう」について、あなたの考えや、できることを書きましょう。

- -

- -

（キーワード：先進国　開発途上国　不平等　収入）

15

目標 11

住み続けられるまちづくりを

① 都市といなか、あなたが住みたい方に色をぬりましょう。

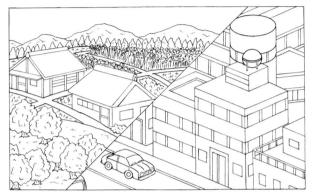

② 住みたい理由を書きましょう。

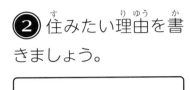

③ 世界の人口の半数以上が、都市にくらしています。都市にくらしたい人が増えているわけを書きましょう。

- -

- -

④ 都市に人口が集中するとどんな問題がおきますか。

(ヒント　交通　住居　お店　施設　環境問題など)

- -

- -

⑤ SDGs 目標 11「住み続けられるまちづくりを」について、あなたの考えや、できることを書きましょう。

- -

- -

(キーワード：都市　まちづくり)

なまえ

12 つくる責任
つかう責任

目標 12

つくる責任つかう責任

① 資源と関係のあるエコラベルはどれですか。線で結びましょう。

水産資源　　　　　　　**森林資源**

＊エコラベルはつくり手が環境などに気を付けていることをつかい手に示すものです。

② 経験したことがあれば〇を付けましょう。

（　　　）買いすぎて、食べきれなくてすててしまったことがある。

（　　　）すき、きらいで食べ残したことがある。

→ 食べられるのにすてることを  と言います。

③ 資源を有効につかうための 3 R をヒントから選びましょう。

（1）ごみをへらすこと

（2）何回かつかうこと

（3）資源にもどすこと

ヒント 3R
・リユース
・リデュース
・リサイクル

④ SDGs 目標 12「つくる責任つかう責任」について、あなたの考えや、できることを書きましょう。

- -

- -

（キーワード：資源　3R　食品ロス）

なまえ

目標13

13 気候変動に具体的な対策を

気候変動に具体的な対策を

① 地球の気温が上がってきていることを何と言いますか。

地球に色を
ぬりましょう。

地球温暖化

② 原因は何ですか。

二酸化炭素

③ 気候変動 (地球温暖化とその影響) で起きていることを考えましょう。

（1）島が海にしずむと言われている国名

海面が上昇し海にしずむ
と言われている

ヒント
・ツバル
・ホッキョクグマ

（2）絶滅すると言われている動物

海の氷がとけ、陸地がへり
えさをとることができない

④ 歴史上はじめて、すべての加盟国が、
地球温暖化への対策をすると決めた約束 ➡

協定

⑤ SDGs 目標13「気候変動に具体的な対策を」について、あなたの考えや、
できることを書きましょう。

- -

- -

（キーワード：地球温暖化　パリ協定）

なまえ

14 海の豊かさを守ろう

目標 14

海の豊かさを守ろう

① 海のよごれについて考えましょう。

地球の 7/10 は海

（1）すなはまに打ち上げられたゴミです。絵に色をぬりましょう。

（2）どんなゴミがありますか。

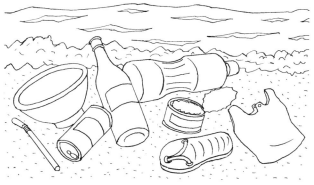

（3）海がよごれると困ることを書きましょう。

----

② 海の資源を守ることについて考えましょう。

（1）海の資源にはどんなものがありますか。

（2）マグロやウナギが絶滅の危機にあります。なぜですか。

魚の

ヒント

世界の人口が増え、漁業の技術が
進歩したため。

③ SDGs 目標 14「海の豊かさを守ろう」について、あなたの考えや、
できることを書きましょう。

（キーワード：海の資源　海のゴミやよごれ）

なまえ

目標 15

陸の豊かさも守ろう

❶　世界の森がへっている原因について考えましょう。

世界の陸地の
1 / 4 は森林

（1）気候変動による　　

（2）森林の　　、人口増加による　

❷　豊かな森を守ることについて考えましょう。

（1）世界で絶滅のおそれがある野生生物のリストを　
　　と言います。

レッドリスト＝約 2 万 6000 種　※絶滅のおそれのある野生生物

世界には 約 175 万種の生き物がくらしています。

（2）レッドリストにのっている動物を書きましょう。

❸　SDGs 目標 15「陸の豊かさも守ろう」について、あなたの考えや、
　　できることを書きましょう。

- -

- -

（キーワード：森林　レッドリスト　絶滅危惧種）

目標 16

なまえ

平和と公正をすべての人に

① 平和の意味を考え、言葉をなぞりましょう。

> 戦争とは国と国の争いごとで、紛争は、もめごとや争いごとのこと。

- 戦争 や 紛争 がなく おだやかな こと

- 心配 ごとや、もめごとがなく おだやかな こと

② 紛争で住む場所がなくなった人が集まってくらすところを

絵に色をぬりましょう。

 と言います。

③ 難民の人たちには何が必要でしょう。

- -

- -

- -

④ 国々はすべての子どもに戸籍を与えることを決めました。

戸籍とは、 、  、生まれた場所

家族などが書かれている文書のことです。

⑤ SDGs 目標 16「平和と公正をすべての人に」について、あなたの考えや、できることを書きましょう。

- -

- -

（キーワード：戸籍　紛争　難民）

21

なまえ

目標17

パートナーシップで目標を達成しよう

❶ 世界の国々が決めたことがあります。言葉をなぞりましょう。

（1） 2030 年までに、すべての国が目標を達成できるように助け合う。

（2） 先進国は、開発途上国 （経済や開発が遅れている国）を支援する。

（3） それぞれの国の政策に SDGs を取り入れる。

（4） SDGs の達成のために国々はしっかり データ を集め 統計 をとる。

❷ 世界の子ども達をきれいにぬりましょう。

❸ SDGs 目標17「パートナーシップで目標を達成しよう」について、
あなたの考えや、できることを書きましょう。

（キーワード　17の目標　国々の協力）

なまえ

レッドリストの動物たちに色をぬりましょう

※絶滅のおそれのある野生生物